圣地百年

——仰韶村遗址发现百年纪事

侯俊杰　主编

文物出版社

图书在版编目（CIP）数据

圣地百年：仰韶村遗址发现百年纪事/侯俊杰主编
．—北京：文物出版社，2021.10
（仰韶文化发现暨中国现代考古学诞生100周年纪
念丛书）
ISBN 978-7-5010-7180-7

Ⅰ.①圣… Ⅱ.①侯… Ⅲ.①仰韶文化—通俗读物
Ⅳ.① K871.13-49

中国版本图书馆 CIP 数据核字（2021）第 149101 号

圣地百年
——仰韶村遗址发现百年纪事

主　　编：侯俊杰
副 主 编：陈　莉　姚　燕　马彩霞

责任编辑：李　睿
封面设计：王文娴
责任印制：张道奇

出版发行：文物出版社
社　　址：北京市东城区东直门内北小街 2 号楼
邮　　编：100007
网　　址：www.wenwu.com
经　　销：新华书店
印　　刷：宝蕾元仁浩（天津）印刷有限公司
开　　本：787mm×1092mm　1/16
印　　张：10.5
版　　次：2021 年 10 月第 1 版
印　　次：2021 年 10 月第 1 次印刷
书　　号：ISBN 978-7-5010-7180-7
定　　价：180.00 元

仰韶文化发现暨中国现代考古学诞生100周年纪念丛书编委会

丛书编辑人员

序言

中国现代考古学为何从 1921 年的仰韶村发掘算起

近代意义上的田野考古学从 19 世纪后半期即在中国开始。到 20 世纪初叶，西方列强的探险队在中国的西、北部边疆，日本人在中国的辽东半岛、华北和台湾等地开展了包括考古学、民族学在内的广泛而深入的考察活动。这是外国人的工作。1918 ~ 1919 年，河北巨鹿故城发掘，1923 年河南新郑铜器群的发现，揭开了中国人自己考古发掘的序幕。同在 1921 年，还在仰韶村发掘之前，安特生在当时的奉天（今辽宁）锦西沙锅屯发掘了一个史前洞穴——沙锅屯遗址，随后很快发表了发掘报告①，但为什么考古学界会把 1921 年仰韶村的发掘作为中国现代考古学的开始之年呢？

仰韶村遗址，虽是瑞典人安特生（J. G. Andersson，1874 – 1960）发现并主持发掘的，但这是农商部地质调查所田野工作的组成部分②。安特生是北洋农商部矿政司高薪聘请的顾问，他的主要工作本来是帮助中国政府寻找煤矿和铁矿。1914 ~ 1916 年，他在新成立的地质研究所担任教学工作。地质调查所成立后，他又长期在新生代研究室工作，对于我国北方地区的新生代地质研究贡献卓著。到了 1920 年，安特生的兴趣逐渐发生了转移，根据他在华北等地采集的磨制石器，他不仅发表了论文《中国新石器类型的石器》③，还派中国助手刘长山到河南渑池仰韶村寻找更多的石器标本。刘长山从仰韶村带回来 600 多件磨制石器，这才有了安特生次年 4 月的第二次仰韶之行（1918 年 12 月 8 日，为采集古脊椎动物化石安特生曾经到过仰韶村）。

---

① 安特生著、袁复礼译：《奉天锦西沙锅屯遗址洞穴层》，中国古生物志丁种第一号，1923 年。

② 地质调查所成立于 1913 年，1916 年开始工作，成立时属工商部。1914 年，工商部和农林部合并为农商部，地质调查所改属农商部。1928 年改属农矿部，1930 年改属实业部。抗战时期实业部改为经济部，地质调查所遂改属经济部。当时河南、湖南、两广等省，分别成立省地质调查所，为了与省地质调查所相区别，1941 年正式定名为中央地质调查所。1950 年中共中央决定成立中国地质调查工作计划指导委员会，统一指导全国的地质工作。全国地质机构开始施行大调整，地质调查所正式宣布撤销，完成了它的历史任务。参见程裕淇、陈梦熊主编：《前地质调查所（1916 – 1950）的历史回顾——历史评述与主要贡献》，地质出版社，1996 年，第 1 ~ 25 页。

③ J. G. Andersson, Stone implements of Neolithic type in China, Reprinted from *the Anatomical Supplement to the China Medical Journal*, July, 1920.

在村南冲沟的断面上，发现了厚厚的灰土层，发现了彩陶片和石器的共存关系。这是仰韶遗址发现之始[①]。

1921 年秋天，在征得农商部以及地质调查所的同意后，又同河南省政府以及渑池县政府取得联系并得到他们的支持，安特生和他在地质调查所的同事袁复礼以及安特生的数名中国助手，前往渑池开始了对仰韶遗址的第一次科学发掘。

如所周知，这次发掘，取得了惊人的成绩，不仅发现了仰韶文化——"中华远古之文化"，使中国无石器时代的理论不攻自破，而且也为寻找中国史前文化和西方史前文化之间可能的联系开辟了广阔的前景。安特生通过跟中亚的安诺（Anau，又译"亚诺"）和特里波列（Tripolje，又译"脱里波留"）文化出土彩陶的对比，提出仰韶文化西来的假说。虽然此前在中国华北、西北、东北和西南等地零星发现过不少磨制石器，但仰韶村的发掘，因为发现跟中国历史时期文化的密切联系，被称为中国的"第一个史前村庄"，及与西方史前文化可能的联系，还是给中国和国际学术界带来前所未有的震撼[②]。仰韶村的发掘者是安特生，但这个重要的考古发现，实在是 20 世纪初叶中国科学界的一项重要成就。

在 1923 年安特生所著仰韶村考古发掘简报《中华远古之文化》发表之前，袁复礼发表了简讯[③]（Notice），这也是目前所知仰韶村发掘和仰韶文化发现的第一次公开报道——就肯定这次发现是地质调查所的。袁复礼是这样说的："这个发现是因为 1921 年 4 月，中国政府矿政顾问安特生博士（J. G. Anderson）在河南旅行，经过渑池地方首次发现的。后来在十月得了政府允许，方才去到那里掘挖。"[④] 又说："按说这次发现的事，是从地质调查所方面办的。所以这篇先期的报告，虽有新闻性质，论科学家的发现规律（Credit of Discovery and Priority），也应让《地质汇报》方面先登。不过地质调查所丁文江、翁文灏两所长，对于从地质方面去研究文化史，

---

① 陈星灿：《中国史前考古学史研究（1895～1949）》，生活·读书·新知三联书店，1997 年，第 87～94 页。J. G. Andersson, *Children of the Yellow Earth*, The MIT Press, Cambridge, Massachusetts, 1973, pp. 163－187. J. G. Andersson, Researcher into the Prehistory of the Chinese. *The Museum of Far Eastern Antiquities*, No. 15, pp. 9－12.

② 安特生著、袁复礼节译：《中华远古之文化》，《地质汇报》第五号，农商部地质调查所印行，1923 年。J. G. Andersson, *Children of the Yellow Earth*, The MIT Press, Cambridge, Massachusetts, 1973, pp. 163－187.

③ 袁复礼：《记新发现的石器时代的文化》，《国立北京大学国学季刊》第一卷第一号，1923 年 1 月，第 188～191 页。胡适在此文的编者按语中说，他本来是邀请安特生撰文的，但是因为安特生要为"地质汇报和中国古生物学撰文，故推荐了他的朋友袁复礼先生"。而袁复礼因为又要去河南参加发掘，"行期很逼迫，不能作文"，所以只好请他"先替我们做一篇简短的记事（Notice）"。所以这篇短文，只能算是一个"简讯"（Notice）。

④ 同上引文第 190 页。袁复礼把安特生的名字 Andersson 错写为 Anderson。这个错误胡适也犯过。见陈星灿、马思中：《胡适与安特生——兼论胡适对 20 世纪前半中国考古学的看法》，《考古》2005 年第 1 期，后收入陈星灿：《20 世纪中国考古学史论丛》，文物出版社，第 146～163 页。

极为赞成。安特生博士亦将他所有的底稿给我读过。所以他们三人允许我将这事在这里先简略发表，作一个介绍的文。将来安特生博士的大作出来，那个历史以前的文化方能有详细的论说。"① 这是当事人的看法，也是实情：仰韶的发现权虽然是安特生的，但也是中国政府的研究机构"地质调查所"的，一篇短文发表须得到两位中国地质调查所所长丁文江、翁文灏和发掘者安特生本人的许可，也充分说明了这一点②。

不仅因为仰韶村的发掘是地质调查所的一项重要工作，也是因为这项发现太重要了，它涉及了中国文化的起源问题，所以才能得到国际学术界和中国社会各界的高度关注。从袁复礼披露的情况看，安特生即将在地质调查所主编的《考古汇报》第五号上发表的《中华远古之文化》（An Early Chinese Culture），本来的名字是"在中国的一个古文化"（An Early Culture in China）"③，两个题目看起来差别不大，实际上则有很大不同。因为正式发表的简报更加强调仰韶村发现的是"中国人的早期文化"或者"中国的早期文化"，而不是"在中国的一种古文化"。

要之，其一，仰韶遗址和仰韶文化是中国地质调查所的一项重要发现；其二，这个重要发现第一次从考古学上证实了"中国石器时代文化"或"中国史前文化"的存在，触及了中国文化起源这一重大学术问题，所以即便是 20 世纪 50 年代把安特生的一系列考古发现和发掘列为"近代外国人在中国的工作"一部分的时候，中国考古学界也没有否认安特生的工作是地质调查所工作的一部分④。也就是说仰韶村的发掘和仰韶文化的发现是中国自己的科学研究机构的工作。仰韶村的发掘，标志着近代意义上的中国科学考古学的开始。这也是 2021 年我们纪念仰韶文化发现

① 同上引袁复礼文，第 190～191 页。
② 我在上引拙文中，根据胡适日记，推断袁复礼此文没有发表过，因为 1922 年 4 月 18 日的胡适日记里这样说："校袁复礼的《记新发现的石器时代的文化》。已付抄了，他从开封来一信，要我缓发此文。"我推测袁复礼提此要求，可能跟安特生有关，推论"缓发此文的要求也许就是安特生提出的"。（参见上引书第 150～151 页）我现在仍旧这么推测，但此文最后还是发表在胡适任编辑委员会主任的《国立北京大学国学季刊》第一卷第一号上。为什么发表此文，估计跟丁文江、翁文灏的同意有关，也可能因为安特生自己的考古发掘简报《中华远古之文化》同年即发表在地质调查所编辑的《地质汇报》上，两者几乎可以说同时发表。看胡适日记，安特生 1922 年 3 月 27 日在协和医院讲《石器时代的中国文化》，一周后的 4 月 1 日，胡适参观安特生在仰韶村发掘的出土物。第二次见面，胡适即邀请安特生为《国立北京大学国学季刊》撰文记此事的原委，安特生推荐"最好是请袁复礼君做"，这就是袁复礼此文的由来。
③ 同上引袁复礼文，第 190 页。
④ 徐苹芳：《考古学简史》，原载中国科学院考古研究所编《考古学基础》，科学出版社，1958 年，后编入《徐苹芳文集》。文中说："1914 年地质调查所成立后，对中国的石器时代考古影响很大，先后发现了仰韶文化、沙锅屯遗址、甘肃青海的彩陶文化等，他们采用地质学上的科学工作方法，在这样的基础上，才有李济等的西阴村发掘，才有 1927～1930 年周口店旧石器时代的发掘，其主持者为裴文中等。"引自徐苹芳著：《考古剩语》，上海古籍出版社，2019 年，第 179 页。

100 周年暨中国现代考古学诞生 100 周年的原因所在。

为了纪念仰韶文化发现暨中国现代考古学诞生 100 周年，我们编辑了这套丛书：有安特生的《河南史前遗址》《巨龙与洋人》《中国北部之新生界》都是第一次翻译成中文；有瑞典当代学者扬·鲁姆嘉德（中文名杨远）撰写的《从极地到中国——瑞典考古学家安特生传》，是安特生唯一的传记，也是第一次译成中文出版；还有中美两国学者研究仰韶文化酿酒的著作《仰韶文化与酒》，中国学者撰写的《仰韶之美——仰韶文化彩陶研究》《圣地百年——仰韶村遗址发现百年纪事》《渑池县文物志》，内容相当丰富，也相当杂驳，但都围绕着仰韶和仰韶文化的发现和研究。

总结过去，是为了将来中国学术的创造性发展。我们相信这一天终将到来。是所望焉。谨序。

陈星灿

2021 年 8 月于北京

百岁仰韶嘉年华

100 年，弹指一挥间，仰韶文化迎来了它发现和命名的百年华诞。

百年来，中国和世界见证了仰韶文化研究者筚路蓝缕、苦读地书、寻寻觅觅走过的艰难历程和取得的卓越成就。从仰韶文化遗址一花独秀到中华大地星光灿烂，从没有文字的鸿蒙时代到初现文明的灿烂曙光，从孤冷的学者书案到社会公众的文化呼应，仰韶文化已经成长为公认的蕴含着中华民族植根深厚的主根基因文化。

近代以来，国门洞开，国人自古以来天下国家的执念随之幻灭，中国国史千古一系的观念发生动摇。在西方盛行一时的传播论影响下，中国文明、中国文化西来说逐渐盛行。中华民族从哪里来？中国人种起源于哪里？中华文明始于何时？一些人在迷茫中思考，一些虽有中国之心但苦无证据的学人们对流传几千年的史说中国也产生了怀疑，一些别有用心的外国人在无证无据地胡说八道：他们竟然著书立说，荒唐断言中国人种和中国的人文祖先黄帝也是从西方迁移过来的。胡适提倡整理国故，更引出了古史辨派学说，于学理上论证了中国上古帝系应当归于传说，甚至夏代也不大靠得住，商代以上的历史遂成为空白。中华民族犹如一个在战斗中满身创伤而倒地的勇士，寻望四野，却找不到自己的父母。是苏联十月革命和五四运动的炮鼓声，惊醒了中国，也惊醒了一大批名流贤达开始思考要另辟蹊径找到中华民族的根。接续国史，国人开始把视野转向未来的考古学。

1921 年 10 月的一天，受聘于中国北洋政府的瑞典人安特生和中国学者袁复礼等，在获得从中央到省、县政府的批准后，在河南渑池韶山脚下的一个小山村——仰韶村南的黄土地上，打下了中国田野考古的第一铲，挖开了第一个坑，从此拉开了中国田野考古的序幕，仰韶村遗址从此名扬天下。在这里，他们共开挖了 17 个点，出土了一大批颜色绚丽的彩陶和磨制精细的石器、骨器等。按照国际惯例，安特生在他的考古报告里把这里发现的文化命名为"仰韶文化"，又形象地称为"彩陶文化"，并确认这个"仰韶文化之人种当为现代汉人之远祖"，中国人是"黄土的儿女"，仰韶文化是"中华远古之文化"。

自仰韶文化的发现算起，中国考古学迄今已有百年的历史。百年来中国考古学取得了重大的成就，不但改写了许多文献的历史记载，补充了此前文献记载的重大缺失，更填补了史前史的空白。中国考古学开始出现不久，就建立起来旧石器时代、新石器时代、青铜时代和铁器时代延续不断的历史谱系。此后更是逐渐完善了旧石器时代、新石器时代、夏商周时期、战国秦汉、魏晋南北朝隋唐、宋元明清乃至近代考古断代的考古学体系。

经过百年的调查、发掘和研究，截至目前，在我国的陕西、河南、山西、甘肃、河北、内蒙古、湖北、宁夏、青海等 9 省（区）共发现仰韶文化遗址 5000 多处，在山东西部、江苏和四川北部、辽宁西南部也发现了很多仰韶文化的身影。考古学不但找到了仰韶文化的来源——前仰韶文化，也找到了它的去向——庙底沟二期文化，使它成为一种前有渊源，后有继承，文脉一统，延续不断的史前文化。仰韶文化从距今 7000 年到距今 5000 年左右，时间上跨越了 2000 多年；空间上横跨以黄河流域为主的我国北方大半个中国。这一种在如此宏阔的时空维度中生长、发展、传播、延续的史前文化，经过 2000 多年的交流、交融和互鉴，已经成为我国诸多史前文化中一个最发达、最强盛的文化。

经研究发现，无论中外，彩陶发达的地方都是黄土地带。这或许与黄土更适合制作精致的浅色陶器有关。更重要的是，黄土的抗干冷和抗温湿能力、垂直节理结构的吸水性和渗水性既便于耕作，又适合旱作农作物的生长，是奠定农耕文明的基础。无论是早期的刀耕火种，还是后来的锄耕、耜耕、犁耕，都能满足粟作农业的农耕要求，也给人们提供了能够满足生存需要的基本食粮。正是这种充足不断的食物保证，才保证了以粟作农业为主地区的文明代代相传，且永不中断。中国的仰韶文化主要分布于我国黄河流域的黄土高原地区，其遗址大多位于黄河的一、二、三级支流的二级台地上。从 20 世纪初的仰韶村遗址考古开始，有关仰韶文化的一系列考古工作，从河南的仰韶、庙底沟、双槐树和陕西的半坡、杨官寨，到山西的西阴、西王村，到甘肃的马家窑等等，对诸多遗址的调查和发掘，都是在黄土地上进行的。从这种意义上说，仰韶文化也是一种黄土文化，一种黄河文化。我们今天说的黄河是中华文明的摇篮，其基因也源于此。我们讲好仰韶文化的故事，就是讲好黄河和中华民族的故事。

百年以来，仰韶文化经过发掘的遗址已超过 200 个，学人们以文明探源和国家诞生为引擎，针对这些遗址出土的遗迹、遗物开展了深入详尽的研究，从单个遗址到聚落群体，从代表性器物彩陶到生业和社会形态，从产业模式到艺术生产，从独具特色的地区特点到传播区域的整体观察，都取得了令人信服的史证。

仰韶文化发展到庙底沟类型时期，是我国农耕文明的初步成形时期。以南稻北粟、东渔西猎为结构的农业和渔猎业，是生民的主要生活方式，也是当时共存的产业形式；以石斧、石铲、石锄等为主的各种农具的使用，表明当时已经有了基本可以供原始农耕生产需要的比较完备的工具系列；以粟、黍为主的粮食和以猪、牛、鸡、狗、鱼为主的肉食，以核桃、山楂、桃、杏、枣、柿、芥菜、白菜为主的水果和蔬菜已经进入了人们的食谱；以麻和丝为原料的衣着织品已经开始代替兽皮和树叶；以众多陶器上的刻划符号为标志的"陶文"，不少专家认为它们可能就是这个时期使用的"文字"；以绚丽成熟的彩陶纹饰和各种陶雕为代表的艺术生产讲述着仰韶人意识形态领域里丰富的精神生活；以面积广达500多平方米的大型房屋建筑技术、以制陶业为主的手工业专门化作坊和绚丽多彩的彩陶生产，代表着当时的生产力和科技发展水平。如此等等，都表明我国文明史上的第一次产业分工已显雏形，第二次产业分工已露出新芽，早期中国的文明曙光已经光耀在中华大地上。

在我国一体多元的文明起源格局中，苏秉琦先生称起源于中原地区的仰韶文化是"主根系"文化。他指出中国史前的多个主要文化区系沿各自的道路发展，均出现了"文明曙光"，整个中华文明起源呈"满天星斗"之势，中原的仰韶文化是其中的一颗"明星"。严文明先生把这种格局的中原地区形象地比喻为"重瓣花朵"的花心。但是，无论是哪种说法，在豫西、晋南、秦东交接的黄河金三角地区是仰韶文化庙底沟类型的发源地，也是它向周边扩张和传播的核心地区。这一考古学和地理学上的"中"，可能就是最早中国的"中"；仰韶文化庙底沟类型的花瓣纹彩陶上的"花"，可能就是我们今天说的中华的"华"的原型。

近几年的研究证明，仰韶文化的传播范围，不仅限于中国。

从距今约5500年的仰韶文化泉护类型晚期开始，到距今约3300年新疆东部哈密的焉不拉克文化时期，仰韶文化前后经过四波的东西传播，直到今天欧洲东南部的罗马尼亚和乌克兰的库库特尼——特里波利文化。两者之间彩陶上的弧线三角、平行线、圆点、花瓣纹等有着惊人相似之处。所以，有不少学者认为，在我国起于汉代的"丝绸之路"之前，很有可能在史前时期就存在着一条"彩陶之路"。

1923年，安特生在他的《中华远古之文化》考古报告中隐约提出了"仰韶文化时代"的概念，今天，我们又用了100年的研究，可以证明，仰韶就是一个足可以称为"时代"的我国史前历史时期。

　　灿烂的仰韶文化锻造了史前中国文化和中华文明的坚实根基，向国人和世界贡献了富有魅力和影响力的人类史前文明和文化财富。文明在交流交融中不断丰富，也在互学互鉴中成长和发展。人类只有肤色语言之别，文明只有姹紫嫣红之异，但绝无高低优劣之分。仰韶文化，这颗我国史前文明满天星斗夜空中闪亮的明星，经历了 2000 多年的蜕变，又走过了 100 年研究的路程，正在不断地丰富和发展。随着让文物"活"起来的时代召唤，仰韶文化必将会在继续深入挖掘和研究中为新时代人类不同文明的交流互鉴、共同发展贡献出新的活力。

侯俊杰

2020 年 12 月 15 日

目录

第三章　纪念仰韶

第四章　躬耕仰韶 / 106

第一章 开 篇

从 1921 年至今，仰韶文化的发现已经走过了整整 100 年。时光荏苒，星转斗移。我于 2017 年受渑池县政府之邀，回到家乡，帮助筹备仰韶文化发现百年的一些工作。每当来到仰韶村，我都留意寻找当年安特生和袁复礼等在这里调查、发掘仰韶村遗址时的一些工作和生活的足迹。从博物馆陈列的老照片，到寺沟古村的窑洞，从安特生小院到安特生小道，从村里的老年人，到博物馆的研究者，寻寻觅觅，边问边察。终于，功夫不负有心人。我总算找到了一些当年这群人留下的足迹。

第一节 仰韶村的故事

韶山，距渑池县城北 20 公里，海拔 1463.2 米。因山上经常云雾缭绕，升腾而起，如云生其处，故又名"云门山"。韶山层峦叠嶂，林壑幽美。大小山蜂 35 个连成一体。除主峰外，另以五朵山、关山、麦尽山最为出名；北麓 10 多公里是悬崖绝壁，屏障天成，仅有三处可以勉强攀登。西北有条泥鳅背似的长山脊，云雾袅袅，飘然来去，人行走其间如穿云过雾。从山顶极目远望，苍山翠碧，奇石满目，长啸一声，山响谷应，余音缭绕。近看韶山，四季野花，相映成趣。春末，刺槐花盛开，山体如披银装；夏季，阔叶林交枝接柯，郁郁葱葱；秋末，层林尽染，红叶似火；冬季，成片松林，斑驳点缀，给韶山增添了生机。韶山，是河南省黄河以南、陇海铁路以北最高的山峰。

韶山历史悠久，闻名遐迩。远在六七千年前的新石器时代，这里气候温和，雨量充沛，阳光充足，植被茂盛，非常适宜人类居住。传说舜帝时代，舜治国有方，天下大治，四海升平。舜帝首创韶乐，亲制箫及五弦之琴，有六律五声八音之妙。这种韶乐，被用来召集群族集会时演奏，且歌且舞。相传，舜帝从山西舜都，带着他的两个女妃娥皇和女英，过黄河南巡，路过渑池韶山，发现此处风景美好，便召集仰韶人，在韶山上演奏韶乐，与民同乐。因此，这座山便名为韶山。渑池的韶山和湖南湘潭毛泽东故乡之韶山，同名不同地，但都是舜帝南巡时留下的遗迹所在，同样名扬千秋。

在美丽的韶山脚下，有一个曾是名不见经传的小山村。这里青瓦石墙，绿树掩映，土地肥沃，临河面水，是自古以来人们选择居住地的理想场所。因居住在这里的人们抬头便可看见韶山，所以便把这个村子叫仰韶村（图1、2）。

图1　仰韶村远眺（远处为韶山）

图2　仰韶村老照片（1）

仰韶村，原属渑池县仰韶乡，后仰韶乡与西阳乡合并属仰韶镇。距渑池县城北9公里，东临天坛，西接韶脉、刘果，南望苏门和刘果水库，北依韶山，东西南三面环水，山清水秀，土地肥沃。全村有前阙、后阙、沟东、沟西、寺沟、上西沟沿和下西沟沿7个自然村，10个村民小组，351户1181口人，耕地2280亩。考古证明，至少从6000多年前的仰韶文化时期，这里就开始有人居住。后经各个历史时期，没有中断，人脉延续至今。从新中国建立至今，仰韶村的党政村级领导班子一直健全完好，运转正常。现在村支部有委员3人，村委3人，监委3人，全村有党员34名。近年来，村三委在县、镇两级政府的正确指导下，按照“特色农业立村、生态旅游兴村、无农不稳、无工不富”的思路开展工作，以农业为主，多业并兴，取得了较好的成绩，先后获得“省级生态村”“市级文明村”等称号。

有历史以来，仰韶村始终以农业为主。早在6000年以前仰韶文化时期已有了原始农业，由于受生产条件的限制及长期封建社会关系的束缚，生产力发展缓慢，农业生产水平低下。新中国建立后，在共产党和人民政府的领导下，于1950年开展土地改革运动，大多数无地或少地农户，分得了土地等生产资料。当时仰韶村主要农作物分两类，一是粮食作物，主要有小麦、玉米、谷子（粟）、红薯、豆类等。二是经济作物，主要有棉花、油料、瓜菜等。十一届三中全会以后，农业生产蒸蒸日上，农民生活水平大大提高。随着农业技术大力推广和农民思想观念改革，最初，以农桐兼作到种植苹果、烟叶等经济作物为主，还创办了养牛场、养猪场、养羊场和养鸡场等；现在，仰韶村以经济作物为主导产业，集中连片、规模化种植花椒近千亩，烟叶500亩。

仰韶村一直都比较重视文化和教育。1931年，村医王丰来带头集资建起了第一所小学，并树碑立传，铭刻碑文，教育后代要耕读传家，好好读书。新中国成立后，村里又修建了一所新的小学，“文化大革命”后期又扩展成中学。1995年在国家商检局的援助下，村里建起了一所花园式的希望小学。仰韶村在解放初期村里办起了民办的豫剧团，除演古装历史剧外，还配合当时的政治中心演现代戏，如《白毛女》《夫妻识字》等。剧团一般在冬春农闲季节排戏演出，春节为活动高潮。20世纪80年代村成立电影放映队，还办起了一个图书室。

仰韶村在1977年以前不通电。1977年在原洛阳地区冷冻厂驻村工作队的帮助下，由刘果架设高压线路4公里至仰韶村，安装变压器2台，主要解决群众的照明、面粉加工等用电。随后在2002年至2014年的三次农网改造中，村里原来的2台变压器变成4台。20世纪70年代末，仰韶村先后建起算盘厂、木器厂、皮鞋厂、毛笔厂、铵碱厂等，还集资购置了拖拉机搞运输，探索走以工养农的新路子。

仰韶村，十年九旱。稍遇干旱，地表水就断流干涸，地下水位下降，人畜用水十分困难。解放前各自然村都有一眼50米深的土水井，平时人们还得不分昼夜排队，用辘轳绞水来供人畜饮用。1998年村里在水利部门支持下，各组打了机井，安水泵，建水塔，接水管，第一次吃上自来水。2002年和2014年，对全村吃水工程进行改造，先后在村北边地势较高的地方打深井二眼，深220米，建地下蓄水池，集中铺设管道，彻底解决了仰韶村民的吃水困难。

仰韶村自古以来，通往县城道路只有一条宽不到3米的土路。从仰韶向南，途经寺沟村西南翻沟，到任家凹、东官庄、徐家寨、玉皇庙沟进入县城。1977年冬仰韶村修建了一条宽4米的土路，从仰韶村向西翻沟，经过刘果村、庄子村、马岭村到达县城。1984年将这条路扩宽为渑池—仰韶公路，宽8米，砂石路面，并在路的两侧各栽一行柏树。1990年在原路的基础上，又铺设成柏油路面。现在，仰韶村内有两条宽4米水泥路面主干道，一条经村西侧向北经前西、下西沟沿、上西沟与省道314连接；另一条从寺沟组向北经前东至后阁、下沟西，形成了组组相通、户户相连接的交通路网。

改革开放以来，仰韶村与时俱进，开拓创新，充分发挥地理人文的优势，稳步向前发展，村容村貌不断发生变化，村民的精神生活和物质生活水平不断提高。2011年，在村南部的遗址边上建起了仰韶文化博物馆。2021年，遗址区又建成了国家考古遗址公园。公园里有各种花草观赏区，遗址断面保护展示区，窑洞游览展示和第一、二、三、四次发掘点纪念雕塑场景等景点。这些景点每年都吸引了很多来自国内外的游客来观光旅游，村民们也积极参与办起了很多文化产业和饮食产业，为游客服务。如今，仰韶村民们的文化和物质生活都发生了翻天覆地的变化，群众们都感谢仰韶村遗址这块宝地给大家带来的幸福生活。

仰韶村遗址在村之南、寺沟组之北，东西两侧各有深沟。东有炊牛河沟，西有南寨沟，两河汇集于村南而形成现在的刘果水库。遗址就坐落在村西南两河交汇处的二级台地上，地势由南向北逐步增高，北部海拔647.7米，南部海拔601.5米，南北高差46.2米。遗址南北长约900米，东西宽约400米，总面积约36万平方米，文化层厚2至4米。地理坐标为东经113°.46′，北纬34°.49′。该遗址于1920年秋发现，1921年发掘，1961年3月4日被国务院公布为第一批全国重点文物保护单位。遗址发现至今共经过四次发掘和两次调查钻探。证明仰韶村遗址包含仰韶和龙山两个考古学文化、四个不同发展阶段的文化层叠压关系。第一次发掘的时间是 1921 年 10 月 27 日至 12 月 1 日，实际工作时间为 36 天，主持这次发掘的是瑞典人安特生。第二次发掘是 1951 年 6 月底至 7 月初，主持这次发掘的是中国社会科学院考古所河南调查团的夏鼐先生。第三次发掘于 1980 年 10 月至 1981 年 4 月，由河南省文物考古研究所和渑池县文化馆联合发掘，分两个阶段进行。第一阶段：1980 年 10 月至 11 月，由赵会军主持。1981 年 4 月至 6 月，由丁清贤主持。第四次发掘从 2020 年 8 月 22 日开始，由河南省文物考古研究院、三门峡市考古研究所与渑池县文物局联合发掘，领队为河南省文物考古研究院副院长魏兴涛博士、现场负责人是该院的研究馆员李世伟。

仰韶村遗址是我国第一次发现与发掘的原始社会聚落遗存，这本身就是学术界的一个重要成就，其价值不言而喻。它的发现无可辩驳地证明了中国不但有新石器时代的遗存，而且相当发达，也宣告外国学者和传教士等曾宣扬中国没有自己的史前文化、没有自己的新石器时代文化和人种是从西方传来等谬论的破产，填补了中国远古文化发展史上的空白，从此开创了中国近代田野考古的先河，对我国新石器时代考古的建立具有开创之功，中国的近代田野考古学也是由此开端。

与仰韶村民生产和生活发生重大变化不同的是，仰韶村遗址自 1961 年被国务院公布为全国重点文物保护单位以来，历经 60 多年风雨，遗址基本保护完整，其地势地貌也基本没有变化。这些成绩得益于国家文物保护法规的有力保障，得益于各级文物主管部门特别是渑池县文物管理部门的正确领导，更得益于当地的村领导班子的重视和村民的自觉保护行动。

遗址占地面积 500 多亩，大部分是耕地，分布于仰韶村前东、前西、后阌、寺沟四个村民组。寺沟组的土地占遗址总面积的二分之一还多，并且 90% 属重点保护范围。当地群众以农为本，为了生产和生活需要，起土垫堰、盖房打窑、打井和修建道路等都需要动土。为了解决好遗址保护问题，村里建立了文物保护小组，有正副组长，分别由三名党支部委员担任，遗址区域内的四个村民小组组长为小组成员。党支部把文物保护工作主动列入议事日程，制定保护公约：1. 不准在遗址内打窑、建房，不准深翻。2. 指定取土场地，严禁挖灰土集肥。3. 在遗址保护范围内有动土工程，必须逐级上报，批准后方可动土。十一届三中全会以后，农村实行土地联产承包责任制，为了适应新形势，仰韶村文物保护小组重新修订文物保护制度：1. 各家各户是责任田主人，也是地下文物保护的主人，土地实行责任制，文物保护也实行责任制。2. 制定了"六不准、两统一"保护公约，即：不打窑、不机耕、不深翻，不挖沟挑壕，不打井，不修渠，统一安排用土场地，统一规划住房用地。仰韶村民对遗址保护工作不仅长期持久，而且一代一代传下来。

仰韶村民在保护遗址做出的重大贡献，在历次仰韶文化学术讨论期间，得到全国专家的好评，都认为仰韶村遗址是全国发现最早一处新石器时代古文化遗址，也是全国一处原始地理地貌保持最好的古文化遗址之一。

2020 年 4 至 6 月，为支持仰韶村国家考古遗址公园建设，渑池县委县政府采取政府征收的办法，动员在遗址上居住的寺沟和第七、八村村民组群众搬出遗址。村民们以大局为重，自觉进行搬迁。这次共搬迁村民 41 户，腾出 39 家院子，共计 240 多间房子。到 6 月 20 日，拆迁工作全部结束。仰韶村民又一次为仰韶村遗址的保护和公园建设做出了贡献。

第二节　安特生小院

8 月的仰韶村，绿茵葱茏，瓜果飘香，雨后斜阳普照在田野里，生机勃勃，耀眼夺目。为了寻找当年安特生和袁复礼等在仰韶村发掘时的足迹，我们一行在仰韶村支书范正乾和村委主任王雪峰的引领下，来到了他们当年在仰韶村发掘时居住的小院（图 3、4）。

图 3　笔者与当年安特生的房东王兆祺的二儿子王二保在安特生小院前合影

图 4　安特生小院内景

小院坐落在仰韶村西北角，是一所渑池地区典型的农家院落。坐北向南，前房后窑。小院的东厦房还完好存在，只是青砖包石头心的山墙，斑斑驳驳，愈显苍老。山墙上挂着一块"安特生旧居"的牌子，十分醒目；西厦房已经倒塌，仅剩下半截山墙；门楼的上盖已经消失，只剩下两边的墙体依旧；北窑还在，经过一百多年的剥蚀塌落，门已经向后退了一米多，只留下原来的门踩石。

小院外边基本还是原来的样子，西南边的路壕和打麦场依稀还在，上面长满了杂草。站在当年安特生、袁复礼与房东合影的地方，与当年安特生等的房东王兆祺的二儿子王二保聊了起来。此情此景，仿佛又回到 100 年前。

王二保今年 78 岁，依然精神矍铄，开朗健谈。与我们聊起当年的事，他有问必答，娓娓道来。

2011 年，在纪念仰韶文化发现 90 周年时，仰韶文化博物馆建成开馆。村里有人给他说，博物馆里展出的一张照片上有他的父亲。他的大姐和三姐听到这个消息后，就专程去参观了博物馆，回来就给他讲确实是他父亲和他爷爷的照片。但是，他们商量后，决定对外不承认这事。问其原因，王二保告诉我们，他的祖辈在解放前是当地比较有名望的家族，爷爷当过村长，父亲当过保长。因为这些原因，他家在土地改革时被划为地主成分，导致从他从十几岁开始，一家人吃尽了苦头。父亲和家人们常常被当做地主分子游街批斗，至今仍然心有余悸。他们担心世事如果有变，他和家人还会再遭横祸。2018 年 8 月的一天，县里研究仰韶文化的杨拴朝去造访他时，给他讲了这些照片具有非凡意义，并给他讲现在的社会环境非常和谐，我们都遇上了好时代，你们担心的那些事绝对不会再发生了，让他和家人尽管放心。王二保这才放下心来，并到博物馆去看了展览和那张照片。他说，我现在到了这个年龄，也不怕啥了。这张与安特生和袁复礼合影的照片上右边的两个人就是我的爷爷和父亲王兆祺。他看着照片，过去的那些心酸往事一下子涌上心头，禁不住泪流满面。深有感触地说，想不到这张照片现在对国家还有用处，过去想都不敢想。他介绍说，他的父亲在 1968 年已经去世，这张合影背后的就是我家现在的老院子，当年安特生和袁复礼等在仰韶村遗址进行发掘时就住在这里。他自己这一代共有 7 个子女，除自己外还有大姐、二姐、三姐、大哥、妹子和一个弟弟，有的已经去世，但大多数都还在。他还听他大姐说，父亲王兆祺曾经给她说过，当年住在他家的外国人还邀请他们的父亲和村里的另一个村民王兆英一块去过北京。那么这个外国人应该就是安特生，可见安特生当年对他这个房东还是很感谢的，也可以看出安特生的人品。王二保说着这些，过去的恐惧已经完全释放，过去的胆怯也变成了现在的骄傲。他给我们说，十分感谢安特生留下的这张照片。有机会一定要让那些健在的亲人们都来博物馆看看，怀念一下爷爷和父亲。希望大家都有一个好心态来面对过去，好好享受现在的好生活。

据安特生在《黄土女儿》一书中记载，他于 1921 年 4 月 21 日至 4 月 26 日和同年 10 月 27 日至 12 月 1 日两次进入仰韶村。第一次是来做考古调查，第二次是来发掘的。参与发掘的除安特生外，还有奥地利古生物学家师丹斯基、加拿大人类学家步达生。中国人有地质学家袁复礼、技工陈德广和白万玉、工作人员姚氏、刘氏、陈氏、张氏等。他们所携带的发掘工具手铲、毛刷、铁镐、铁钩、皮卷尺、照相机、胶卷等，都是由中美中亚考察团从美国带回来的先进发掘工具。从人员组成和工具准备来看，当时的瑞典和中国专家对这次发掘是做了充分准备的。他们的发掘是在充分调查的基础上，并经过中国政府批准进行的。他们从北京坐火车沿平汉铁路到郑州，向河南省省长呈上了中央政府的护照等证明。经批准后，又沿着陇海铁路乘火车到渑池县，办理了有关批准手续后，来到仰韶村。之所以住到王兆祺家，一种可能是当时的渑池县政府安排的；也可能是由于王兆祺在仰韶担任保长，家境较好，房子又多；还有更重要的一点是，当时外国一些传教士在当地传教，基督教已经传入仰韶村，王兆祺一家都是基督教信徒。算起来，他们两次共在这个小院里住了 43 天。

第三节　安特生小道

安特生小道位于仰韶村南的寺沟村西（图 5），距仰韶村不到 2 公里。这条小道呈西南东北走向，弯弯曲曲，上上下下，全长 1200 多米，是一条田间小道。西南部通往遗址最南端的刘果水库沟底，也就是仰韶村遗址台地的最南部，东北部向东通往寺沟古村，向北通往仰韶村。这几年，我多次走过这条小道，总是有一个问题百思不得其解：就是这里为什么会有一条小路？

2011 年，在纪念仰韶文化发现 90 周年时，县文物部门对这条小道进行了整修，铺上了原石路面，但是还没有打通最下边的一段断头路。2019 年，在建设仰韶村国家考古遗址公园时，按照公园总体设计规划，要把这条断头路打通，地面铺上了彩陶红颜色的地砖，两边垒砌了毛石护墙，上边保留了农田及田边形成的滋生林和杂草的自然风貌，让小路直接与沟底水库边的步行环道连接，以"安特生小道"的名义，作为公园的游园道路，供游客行走，以引起游客的怀旧之情。在勘察地形时，我向带路的当地村民求问。他们告诉我，这条小路是当年仰韶村通往县城的唯一一条路。在路旁边的沟底处原来还住着一户王姓人家，没有房子，只有三孔窑洞，属于仰韶村寺沟村民组管辖。这条小路，也是这家人通往寺沟组或仰韶村的小路。由于坡陡路窄，这

图 5　安特生小道

户人家生产和生活很不方便，就搬到了上边的寺沟村。后来仰韶村通往县城的路改了道，这条路的下半段就废弃了，只有上半段供当地村民收获庄稼或往地里送肥料时使用。

由此看来，当年安特生和刘长山等来仰韶村调查时，因为这条小路是从县城通往仰韶村的唯一一条路，他们就是从沟底沿着这条小路来到仰韶村的。从安特生后来写的《黄土的儿女》中，可以看出蛛丝马迹来：他说的"我要过一个深谷，一个真正的小峡谷"，这个小峡谷，应该就是今天的刘果水库没有修之前的深沟；他说的"我到深谷北边后，在一条沟渠边上看到有段非常重要。沟底红色的第三纪泥土显露着它被清晰的一层满含灰土和陶片的特有的松土覆盖着，可以肯定这是石器时代的堆积。"这条深谷北边的沟，应该就是我们今天看到的从仰韶村到寺沟村南端公园主路两边的遗址断壁之间的沟。因为在这两个位置之间，只有这一条小路了。

如今的"安特生小道"，还保持着原来弯弯曲曲、上上下下的地势和走向，两边的农田和植被依然如故，树高草密，曲径通幽，行走在这条小道上，自然会让人联想到当年那些中外考古人就是从这里走过，才发现了惊动世界的仰韶村遗址。

第二章　发现仰韶

第一节　第一次发掘：命名了"仰韶文化"

说到仰韶文化的发现、发掘和命名，很多人把它归功于瑞典地质和考古学家安特生一人。这种说法，曾经在很长时间内，似乎已经成为定论。但是，随着一百年来对仰韶文化研究的不断深入，与此有关的一些资料不断出现，不少研究者从当时的社会背景、安特生来中国工作时的身份，以及在发现仰韶村遗址时的前因后果、参与调查和发掘者所起的作用等多个角度来考量和评价，也提出了一些不同的看法。我们今天来看待和评价这个在中国考古学史上具有开创意义的事件，应该说，让安特生一人独享成果，似乎有点不合事理。除了对仰韶文化的命名，非安特生莫属外（这也是国际考古文化命名惯例），其他问题还是可以讨论的。

在这里，让我们通过一些人和事，来看看它的结论应该是怎样的。

一、时代的呼唤

1911年，辛亥革命成功，孙中山提出了"五族共和"的主张。中国古史记载中的五帝系统，成为维护统一的多民族国家的重要依托。黄帝是中华民族共祖，中华民族同是炎黄子孙，中华文明五千年的观念被大力宣扬。

1919年，五四新文化运动蓬勃而起，以爱国、进步、民主、科学为纲领的思想解放运动在国内掀起了爱国主义浪潮。在这个背景下，对于中国的传统古史，不少人提出了质疑。"疑古派"思潮在学术界形成了较大影响：胡适倡导"整理国故"，顾颉刚在他的《与钱玄同先生论古史书》的前言里提出了"层累地造成中国古史"的学说，否定了整个三皇五帝时代，传统古史系统崩溃，多民族统一国家理念的宣传失去了强大的依托。

在此情况下，中国远古有什么样的人文和政治景观成为国人热切期盼解决的问题。也正如顾颉刚在《古史辨·自序》中所说："我知道要建设真正的古史，只有从实物上着手的一条路是大路。""三皇五帝的系统，当然是推翻的了。考古学上的中国上古史，现在才刚刚开头，还不能得出一个简单的结论。"中华文明五千年的说法是否成立？当代的中国是否可以追溯到史前时代？学术界不约而同地把目光投向了新生的现代考古学。

正如习近平 2016 年 5 月 17 日在哲学社会科学工作座谈会上的讲话中指出的："鸦片战争以后，随着列强入侵和国门被打开，我国逐步成为半殖民地半封建国家，西方思想文化和科学知识随之涌入。自那以后，我们的国家和民族经历了刻骨铭心的惨痛历史，中华传统思想文化经历了剧烈变革的阵痛。为了寻求救亡图存之策，林则徐、魏源、严复等人把眼光转向西方，从'师夷长技以制夷'到'中体西用'，从洋务运动到新文化运动，西方哲学社会科学被翻译介绍到我国，不少人开始用现代科学方法来研究我国社会问题，社会科学各学科在我国逐渐发展起来。"

从这个意义上讲，正是五四新文化运动催生了科学考古在中国的诞生，人们渴望用考古学的手段和利器来找到中华民族的"根"。

二、安特生博士的传说

安特生（图 6），瑞典人，全名约翰·古纳·安特生（Johan Gunar Anderssen 1874.7.3—1960.10.29），是 20 世纪世界著名的地质学家。1874 年，安特生出生于瑞典纳克省奥里不罗市的一个乡村。毕业于乌普萨拉大学，1902 年取得地质学博士。时年 28 岁，并从此开始了他的学术生涯。

瑞典，是一个十分美丽、富饶的北欧国家。它位于北欧的斯堪的纳维亚半岛，纬度高，气候寒冷，有一小部分国土在北极圈内，其地形西北高，东南低，因受海洋气候影响，气候南北差异较大。国土面

图 6　安特生 1918 年在河南省进行地质田野调查工作时的纪念照

积 45 万平方公里，人口 900 多万，首都斯德哥尔摩，是北欧五国中面积最大的国家。瑞典是世界上人口自然增长率最低、平均寿命最长的国家之一，也是世界上最富有、最发达的国家之一，人均国内生产总值曾一度列世界第二，仅次于瑞士。瑞典有一万多年的史前史，也是与中国建交最早的国家之一。18 世纪前后，瑞典王储古斯塔夫·阿道夫六世从 15 岁开始，就对考古产生兴趣。他喜欢中国菜，更喜欢中国的陶瓷艺术。后来，他结识了对中国比较熟悉的安特生，遂成为挚友。他组建了民间性质的"中国委员会"，自任主席。他还以自己特殊的身份，为瑞典学者在中国的活动募捐经费。他多次应安特生邀请，来中国访问。瑞典也是一个教育和文化比较发达的国家，其上层社会对中国古代文化情有独钟，不仅诞生了化学家诺贝尔等闻名世界的科学家，还有斯文·赫定、高本汉、安特生等一些曾长期在中国考察和工作过的考古学者，他们对中国文化都有深入的研究，并把古老的中国文化介绍给世界。与此同时，当年中国戊戌变法失败后，康有为曾到瑞典避难，并在瑞典买地建起了"北海学堂"。1919 年，梁启超与曾经担任过中国地质研究所所长的地质学家丁文江一起访问了瑞典，深入到瑞典最北部的矿城基如纳，会见了地质研究所派往瑞典学习古生物学的中国学者周赞衡，还会见了曾为支持安特生在中国考察而开展募捐活动的"中国委员会"著名人士拉各留斯。由此看来，安特生之后来中国工作和在中国的一系列考察活动并不是偶然的，既有深厚的文化背景，也是中瑞两国人民科学和文化交流活动的重要组成部分。

1912 年袁世凯就任临时大总统后，邀请当时江苏南通的实业家、教育家张謇（1853—1926 年，字季直，清末状元，辛亥革命前后曾任南京临时政府实业总长）任北平政府农商部部长。张謇十分重视人民最基本的衣食温饱，执行了号称"铁棉政策"的富民强国之路。"棉"，就是以衣食粮棉为主的农业兴国富民之策；而"铁"，则是以发展矿业为主的实业强国之路。他遵照总统聘请洋人为顾问、振兴中国矿业的精神，要求农商部下属的矿政科，向外国聘请专家。安特生在 1906 年就担任了瑞典王国的地质调查所所长，是当时名噪世界的地质学家。由于瑞典在当时已经迈入欧洲的工业强国之列，且与中国有长期而频繁的贸易和文化交流。于是，1914 年 5 月 16 日，安特生就接受了中国政府的邀请，来到中国担任了农商部矿政顾问。

安特生来到中国后，先后担任地质调查所顾问、地质调查局副局长、地质陈列馆馆长等职，并成为当时新成立的"中国地质学会"外籍会员之一。安特生自受聘到中国任职，他以自己的博学多才和聪明睿智，一直兢兢业业地为中国政府服务，一干就是十年。1924年，他任职期满后，曾书面向中国政府提出申请，约定两年之后再到中国任职，但因故未能成行。之后，1926年，他多次敬请瑞典王储古斯塔夫·阿道夫访华成行，安特生陪同他到京、晋、皖、沪等地观光、游览、发掘，还专门安排王储到天津会见当时已是大名鼎鼎的金石考古学家罗振玉。王储与罗振玉相见交谈，并观看了罗振玉收藏的安阳小屯殷墟出土的甲骨，使王储大开眼界，自称与罗振玉一席话胜读十年书。1936年，抗战爆发前夕，安特生再次来到中国，只到四川、香港等地做了短期考察。此行，是他对中国的最后一次考察。回国后的安特生，除了到世界上其他国家考察外，一直担任他亲手创建的东方博物馆馆长，并不停地发表著作，介绍他在中国的所见所闻，回味着他在中国的一些重要发现和与中国朋友之间的真诚友谊。1939年，安特生退休。之后，他一边研究在中国仰韶和甘肃的考古资料，一边著书立说。1943年，发表了关于对中国考古研究的最有分量的学术报告《中国史前史研究》。1960年10月29日，安特生在自己的祖国去世，享年86岁。

安特生是一位国际著名的学者，也是一位为人处事都非常厚道和随和的普通人。他在中国工作期间，没有外国洋专家那种趾高气扬、不可一世、歧视中国员工和中国老百姓的劣性，而是和他们打成一片，了解他们的身世，关心他们的生活。直到他回国以后，还把与他合作多年的中国学者、助手介绍给他在瑞典的朋友。当时，在中国的外国传教士很多，知道了安特生的为人和追求事业的执着精神，都很愿意帮助他。安特生在作地质调查时，曾让全国的传教点向他汇报各地古生物化石的分布情况，使他能更多地了解各地的有关信息。在仰韶村发掘期间，他用自己带的照相机给当地村民照相。村里的老百姓从来没有见过洋人，也没有见过这些洋人带的各种洋玩意儿。他就在工作之余，用考古队带的留声机给村民们放"洋戏"。村里的男女老少都喜欢和他接触，并亲切地按中国的习惯称他为"老安"。他与鲁迅先生也有过短暂的接触，知道鲁迅先生是一位伟大的作家，曾打算介绍鲁迅参选诺贝尔文学奖。安特生为了加深对中国文化的了解，广交了当时中国的一些文化名人。曾经与他先后有交往的除了鲁迅外，还有罗振玉、梁启超、胡适、裴文中、傅斯年、顾颉刚等。

安特生刚到中国的前几年，地质调查所的经费还比较正常。后来，由于袁世凯下台后，北洋政府像走马灯一样更换大总统，黎元洪、冯国璋、曹锟、徐世昌等粉墨登场，又昙花一现。政出多门，朝令夕改，地质调查所的经费短缺还经常拖欠。

尽管时任所长翁文灏一再压缩开支，甚至减少了外出考察，仍然捉襟见肘，连大家的正常工资都难以支付。在这种情况下，安特生仍然赞助了《中国古生物志》刊物的正常出刊。在河南、甘肃等地的考察经费，大多数是由安特生出面向国内外有识之士求援资助的。其中，也包括安特生自己的工资。

安特生到中国工作后，看到当时中国军阀割据、民众贫困饥馑的局面，在他致瑞典王储的信中写道："中国正被贪婪愚蠢的军阀无意义的争斗弄得四分五裂，贫困潦倒。"1937年7月，中国抗日战争爆发，他已无法在中国继续考察，他发表了《在战火之中》一书，呼吁主持正义的西方民主国家，支持中国人民的抗日战争。可见，安特生是一位颇有国际正义感的学者。他在《中国史前史研究》一书中这样说："当我们欧洲人在缺乏轻重比例和正确观点的优越感的偏见影响下，谈到什么把一种优越文化带给中国的统治民族的时候，那就不仅是没有根据，而且是丢脸的。"他愤慨一些外国人对印第安人和华人的歧视。在他的《中国龙与洋鬼子》一书中，记下了一件令他难以容忍的事：他带着他的中国助手姚氏和陈氏到上海自然博物馆参观，却遭到了英国馆长安尔斯坦的拒绝。因为当时馆里有规定，外国人什么时间都可以进馆参观，而中国人只在周六下午才可以入内。安特生对这种不平等的歧视感到恶心。

尽管安特生在为人处事方面比较随和，但他在工作上却严谨认真，从不马虎。1902年，他28岁时已经取得了地质学专业博士学位。他放眼世界有关地质学方面的信息，凡有机会，他都到世界各地去考察学习。他先后参加过南北极的考察活动。1900年，只有26岁的安特生，就在瑞典主持了第11届万国地质大会。他主编的《世界铁矿资源》和《世界煤矿资源》杂志，是当时全世界最权威的地质学刊物。来中国工作后，他一方面认真履行他作为矿政顾问的职责，到各地为中国政府寻找矿产资源，一方面为中国选拔和培养地质学人才。我国著名的地质学家袁复礼从美国学成归来，他就聘请袁复礼任地质调查所技师。以后，在仰韶村遗址、西阴村遗址和甘青地区考察发掘中，袁复礼不仅成了他的得力助手，也成为长期与他合作默契的中国专家朋友。中国社会科学院考古研究所赵信先生（曾担任过甘青考古队队长）在他所写的《掘宝探秘》一书中，记下了一段安特生在中国招聘考古学员白万玉时的有趣故事，可看出安特生的严谨和幽默："新中国成立前，安特生到咱们国家考察地质，他要招考古发掘者，先看你身体棒不棒。测验的方法，是让你手中拿一根标杆，数名参选人员竞技赛跑，看谁先把标杆插在百米高的山头上，谁就是冠军。当了冠军，无疑就被安特生选上了。我很幸运，跑了第一名，被光荣录取。当时，安特生还拍拍我的肩膀，用汉语结结巴巴说：'好样的，真棒，就选你了。'听了这话，我高兴地几乎要跳起来，反过来我举着大拇指对安特生说：'你更棒，你是吃'洋'奶长大的。'不知安特生是否听懂了我的话，他不但没恼怒，反而笑起来。从此，我就跟安特生到甘肃青海考古去了[①]。"就是这位白万玉（1900—1968 年），经安特生选中以后，先后跟随安特生、斯文·赫定、徐旭生、裴文中、苏秉琦、夏鼐等中外著名考古学家从事考古工作，参加过仰韶、马家窑、周口店等著名遗址的考古发掘，磨练成了一位百科全书式的考古技工。在北京明定陵发掘时，他身怀绝技，巧妙地打开了重达 14 吨的石门，受到当时的北京市副市长吴晗和发掘主持人夏鼐的赏识。

安特生从 1914 年 5 月 16 日来到中国，到 1924 年年底，他在中国共工作了 10 年 6 个月。总的来看，如果不说他在 1928 年和 1936 年两次又来中国访问和考察，他在中国的主要工作内容分为两个阶段。第一个阶段：1914 年到 1921 年，他以找矿为主，先是在中国招收有关地质方面的学员，并带领助手和学员，在山西、河北、辽宁、河南等地为中国政府寻找矿产。先后发现了山西垣曲的铜矿、铁矿，河北滦平宣化的烟筒山铁矿，辽宁锦西煤矿等，这些矿有的当时已经开采，有的开采晚一点，都对当时乃至以后中国的矿产勘探和开采起到了肇始之功。1921 年之后的第二个阶段，他以考古调查和发掘为主。他在中国的考古调查，特别是关于中国史前新石器时期以仰韶村遗址的发现和仰韶文化的命名为主要内容的开创性工作，在中国的考古发掘史、中华文明的起源和研究等方面，尽管由于时代和条件限制，安特生的这些工作在所难免地存在很多缺陷，但他的开创之功，是有目共睹的。

三、仰韶村遗址是怎样发现的

关于这个问题，目前有三种说法。

第一种说法：安特生的"龙骨"说。

1986 年，中国人民大学考古专业要拍一部关于仰韶文化的专题片供教学使用。该校的黄崇岳（曾任深圳博物馆馆长）教授来到河南渑池县请求当地政府帮忙。正好，渑池县要扩大对仰韶文化的对外宣传，就和黄教授商量，请他们也帮助渑池拍

---

① 刘大有、刘晓龙编著：《安特生评传》，文物出版社，2008 年 7 月版。

一部电视宣传片。这部电视片的名字叫《来自仰韶的召唤》，脚本由时任县文化局副局长的侯俊杰撰写。根据脚本内容，需要到北京采访几位研究仰韶文化的专家。于是，由当时的县政府副县长崔金凯带队，县委宣传部副部长高金发、县文化局副局长侯俊杰、县区划办主任常满仓、县文物管理委员会办公室副主任曹静波、文物干部许建刚等一行就到北京采访。他们先后采访了中国社会科学院考古所的研究员、著名考古专家苏秉琦、原中国历史博物馆考古部研究员李先登、中国地质大学教授袁复礼等。

　　时年的袁复礼先生已经90多岁高龄，他是当年与安特生合作发掘仰韶村遗址唯一健在的中方专家。据袁复礼先生回忆：安特生在担任农商部矿政顾问期间，由于他对中国文化的热爱，兴趣非常广泛，特别是对古生物化石更是痴迷。每到一个地方找矿，一有空闲时间，就喜欢自己到处走走看看，并向当地人士调查了解，以便收集一些古生物化石、古董文物和矿藏标本。1918年12月8日[①]，他在河南豫西地区调查煤矿时，因为渑池的煤炭资源也十分丰富，他便来到了渑池县。他在这里调查时，一个偶然的机会，他在一个中药店里听说县城北边有个叫仰韶的村子里有很多"龙骨"（一种中药名，实为古生物化石）。于是，他就在该村人王某的陪同下到村子南边的田野里采集动物化石。这是安特生第一次来到仰韶村。据有关资料介绍，我们现在见到的那张十分潇洒英俊的安特生的照片，就是在这一次拍下的。他高大魁梧，风尘仆仆，面带笑容，两眼炯炯有神，穿着宽条绒背心，左肩挎水壶，右肩挎背包，两条背带交叉于颈下，俨然一个长途跋涉的行者模样。但是，遗憾的是，他这一次并没有发现仰韶村遗址，只是对采集到的标本产生了极大的兴趣。回到北京后，他研究了这些标本，对仰韶这个普普通通的小山村留下了深刻印象。1920年，又派地质调查所的刘长山到仰韶村寻找"龙骨"，同时，还让他携带着调查所已经发现的石器标本，目的是出示给当地群众，寻找更多的石器线索。刘长山在仰韶村采集到不少动物化石，又在农民家里收集了很多石器等标本，一共有600多件，带回北京向安特生汇报。安特生听了刘长山的汇报，又看到了这些石器，

---

① 《仰韶文化研究中几个值得重视的问题——严文明先生在纪念仰韶村遗址发现65周年学术讨论会上的演讲》中说是1918年10月（见《论仰韶文化》，河南省考古学会 渑池县文物保护管理委员会编，中原文物出版社1986年特刊总5号，第19页），陈星灿先生在《中国史前考古学史研究》和巩启明先生在《仰韶文化》中都说是1918年12月8日（前者见社会科学出版社2007年5月版第68页，后者见文物出版社2005年7月版第5页），这里取后二人说法。

他就推断这里可能是一处相当大的石器时代遗址。于是，1921 年 4 月 21 日[①]，安特生第二次来到仰韶村，目的就是要调查这里是否真的有石器时代的遗址存在。他在村南的冲沟断面上发现有灰层、灰坑和陶片的堆积，在堆积层下面还发现了精制的彩陶片和石器共存。他对此现象迷惑不解，于是决定再用一天的时间看个究竟。这一天，他又认真地对地层堆积情况进行观察，又发现了一件石斧和一些精美的彩绘陶片，遂使他确信这是一处内涵丰富的新石器时代遗址，值得发掘。安特生在他的《黄土地的儿女》一书中详细地记录了这一发现的经过。他说："在（仰韶）村南约 1 公里处，我要过一个深谷，一个真正的小峡谷。这个峡谷是后来我们对此地形调查中著名的一部分。我到深谷北边后，在一条沟渠边上看到有段非常重要。沟底红色的第三纪泥土显露着它被清晰的一层满含灰土和陶片的特有的松土覆盖着，可以肯定这是石器时代的堆积。搜索了几分钟，于堆积最低层发现了一小块红陶片，其美丽磨光的表面上为黑色的彩绘……我感到这类陶器会与石工具在一起发现是不可思议的。我感到有点失望，认为走的这条路把我引入了歧途，我还想回到地质古生物学研究上较稳妥……其实，夜里躺在床上还思考仰韶村这个谜……我决定用一天的时间去探索那个峡谷壁……考察了几个小时后，我从没有动过的灰土中得到一件精制的石斧。这天我还发现了另外一些重要的物品，很快就清楚了我必须在这里研究这些非同寻常的重要堆积、丰富的遗物，特别是容器碎片，包括我上面提到的美丽的磨光彩陶[②]。"

第二种说法：刘长山采集说。

如前所述，1986 年 9 月 18 日，当渑池一行人员来到袁复礼先生在中国地质大学的住所时，袁复礼先生卧病在床，他的夫人在家照顾他。说明来意后，袁先生显得非常激动，由夫人扶着下床坐在椅子上。他当时虽然听力很不好，但思路还是很清晰的，只是吐字发音不是很清楚。谈话就由夫人大声对着他的耳旁给他重复一遍。他回答后，再由他夫人给客人们重复一遍。当问他"您还记得仰韶村遗址的发现和发掘过程吗？"下面是根据当时的录音记下的袁先生回答的一段话："大概还记得一些。不过，我记不清也不要紧，因为这个问题安特生写了《中华远古之文化》，这篇文章是我翻译的。在这篇文章中，他已经把仰韶文化遗址的发现和发掘说清楚了。

[①] 同上，陈星灿先生和巩启明先生的两部著作中都说这个时间为 1921 年 4 月 18 日，但据安特生《中华远古之文化》一书，这一时间为 1921 年 4 月 21 日，这里取安特生的说法。

[②] 安特生著：《黄土地的儿女》，1934 年版，第 164 页。

但是，有一个问题我觉得应该强调一下。严格地说，仰韶村文化遗址并不是安特生首先发现的，至少不能说是他单独首先发现的。因为安特生初次得到我国石器是在1919年。那时，我国地质调查所技师朱庭祜先生在沈阳等地调查时，采集到不少石器。此后，又陆续采集到一些。这些石器初次引起了安特生的重视。1920年，我国地质调查所的采集员刘长山先生，又从河南省渑池县仰韶村采集到许多石器，大概有几百件，具体数我已记不清了。刘先生把这些石器送给安特生看了，并给他介绍了仰韶村的情况，这就引起了安特生的重视。因此，1921年4月，安特生就亲自去到仰韶村。这次他在那里经过初步采掘，又得到了一些陶器碎片，两天后又得到一石斧，随后又发现了一些其他遗物，这就促使安特生到那里去发掘。他回到北京后，向中国政府写了报告，经中国政府批准后，1921年秋天，安特生再次到仰韶村，主持发掘了仰韶村文化遗址。所以，安特生在仰韶村文化遗址的发掘和对仰韶文化的初步研究确是首功，而且为研究我国远古文化开辟了道路。但，若不是刘长山先生在那里采集并带回那么多石器，同时还向他介绍了仰韶村的情况，安特生决不会有这一发现。据我所知，刘先生到那里采集石器并不是安特生委派刘所为，而是刘自为之。刘先生采集之前，安特生根本不知道有其地，更不知有其物。因此，安特生本人不会亲往发掘和研究了。"

长期以来，不少文章都说刘长山是安特生的助手。其实，这种说法并没有得到相关资料的证实。之所以会冒出这种说法，大概是先前有人想当然地说了这么一句，招致后面的说法跟风，随声附和，人云亦云而已。刘长山并不是安特生的什么助手，他当时仅仅是地质调查所的采集员，任务是寻找矿脉、搜集矿物标本。他与农商部矿业顾问安特生之间不存在领导与被领导关系。也就是说，刘长山来到仰韶村不是受什么上级指派，是自己摸去的。正如袁复礼先生所说，"是刘自为之"。他在仰韶村遗址上收集到一批东西，由于他不是学考古的，估计他也说不出门道，所以他才拿给安特生看。不管怎么说，刘长山在仰韶村采集到的这批"东西"，成了仰韶村遗址发现的"敲门砖"，这一点应该是个了不起的开始。我们现在看到的这张模糊的照片，也只能说"疑似"或"可能"是刘长山（图7）。

这次采访结束时，袁复礼先生还应客人们邀请题写了"仰韶村文化遗址"七个字。2001年11月6日，在纪念仰韶文化发现90周年暨仰韶文化博物馆开馆时，这七个字被刻在仰韶村遗址入口的景观石上，是渑池人民对袁先生永久的纪念（图8）。

图 7　刘长山陪同安特生在仰韶村遗址调查时的工作照

图 8　袁复礼题写的"仰韶村文化遗址"

1987 年春节过后，袁先生病情加重，于当年 5 月 22 日去世。治丧委员会还向渑池县政府发来了讣告，渑池县政府也给治丧委员会发去了唁电致哀。

第三种说法：玛利亚推荐说。

2011 年 11 月 6 日，纪念仰韶文化发现 90 周年大会在渑池县举行。这次会议有一项活动，是邀请一位叫杨涵松的瑞典画家，为大会做一个以展示中瑞文化友谊为主题的专题画展。这是 2010 年，以原三门峡市委书记李文慧为团长的访问团访问瑞典时确定的活动。会议筹备处负责接待的是曾经随团到瑞典访问过的杨拴朝先生。杨拴朝是渑池人，长期从事仰韶文化研究和仰韶彩陶工艺的复制技术研究，并制作了很多仰韶文化不同类型遗址出土的彩陶典型器物，在随团访问瑞典时作为礼品赠送给瑞典朋友。他在访问瑞典时已经和杨涵松结成了朋友。杨涵松在渑池期间，耳闻目染到他的同乡安特生，在中国考古界影响之大、地位之高，就对仰韶文化产生了浓厚的兴趣，就不时地向杨拴朝问起安特生在渑池的故事，并很疑惑安特生怎么能从遥远的北欧来到这么偏僻的豫西山村？杨拴朝就告诉他，安特生当时受聘于中国的北洋政府，是来帮中国政府找矿的。至于为什么能来到渑池，除了现有的资料上说是刘长山在仰韶村发现石器的原因之外，很可能与当时瑞典传教士在渑池开设的福音堂有很大的关系，就表示也很想从这方面了解一些情况，解开安特生是怎样来到渑池发现仰韶村遗址的秘密。可惜现在没有任何资料，包括渑池的县志，对这些情况记录得很少，你们瑞典可能有，拜托杨先生回去后可以找找看，能否有新的发现。也许是杨拴朝这番话在杨涵松先生的心中留下了很深的印象，回国后他就开始着手寻找这方面的资料。

2012 年 9 月 19 日，杨拴朝接到杨涵松先生从瑞典发来的邮件，说他找到了当年在渑池工作的那个瑞典传教士的资料了，他叫斯托哈默（staihammar），是 1904 年去的渑池，在那里工作了 16 年，还读了他当时寄往瑞典的信件。并表示说："如果我们能进一步展开这段历史，仰韶文化和渑池会更有名气，而我之所以开始'真相调查'，也是因为你的缘故。所以我相信，如果有机会给你进一步详谈，或许整个事件会更清晰。"杨拴朝当时没想到在遥远的瑞典能传来如此让人振奋的消息，非常激动，就马上回复他说："得知你在探寻仰韶文化发现起因中，做了大量的工作，我们非常感动，也深表钦佩。关于你了解的内容，非常重要，希望你在方便的时候多走访，把了解的东西记录下来，采访的人要拍成照片，特别是你说的斯托哈默的日记，要复印或影印出来，要做到每句话都有出处，有证据，这样才有意义。你了解的这段故事，可能会引起中国考古界的兴趣，所以，一定要做好才有意义。"

后来才知道，杨涵松是在找到瑞典的一个叫"瑞华会"的基督教组织时发现的。这是在100年前向渑池输送传教士的组织，虽然名字改了，但是至今仍然存在。通过他们，知道了在渑池工作过的传教士们确切的名字。1909年在渑池建设教堂的瑞典传教士叫古斯塔夫·阿道夫·斯托哈默和威尔赫敏（明娜），在他们提供的资料和线索中，竟又找到了斯托哈默的后代，并得知他的外孙女凯琳女士完整地继承了斯托哈默的遗产，其中有两个大箱子，里面装的是在渑池工作期间下来的信件资料。

当杨涵松先生把这个消息传给杨拴朝，他仔细阅读了杨涵松发过来的部分资料和照片，得知仰韶文化发现的背后中有一个鲜活而又感人的故事。杨拴朝马上通过瑞典的华人翻译姜南女士与凯琳女士进行了沟通访问，她了解了杨拴朝的身份后，表示非常愿意与他共享这些材料，就给他提供了更多更详细的历史资料。

杨拴朝经过对凯琳女士的资料整理发现，这些资料由四部分组成。一、斯托哈默在渑池工作期间与瑞典的来往信件。二、从斯托哈默1904年到渑池的第一天起，一直到1920年离开期间所写的日记。三、当时基督教组织出版的《秦地》杂志，一年24期。四、斯托哈默在这十多年工作中所拍的照片。当斯托哈默的孙女凯琳女士得到这些遗产时也不知所措，不知道该怎么处理这些东西，她曾尝试着给博物馆和媒体打电话，但没有一家对此感兴趣。直到与中国朋友取得联系后，她才明白这些资料的价值。

1840年鸦片战争之后，瑞典的基督教组织向中国派遣了大批的传教士，1887年第一批进入豫、晋、陕地区的传教士在山西的运城创建了总部，在这里开创了传教事业。

古斯塔夫·阿道夫·斯托哈默是一位瑞典军队的军官，他来自于有着贵族头衔的家庭，这个家庭里的成员在几百年间都是瑞典军队里的高级军官。当他1897年坐上去中国的轮船时，他根本不敢告诉家里他要去中国当传教士。直到在轮船离开瑞典开往伦敦的途中，才敢写信告诉父母事情的真相。明娜当时也在船上，她在离开瑞典之前，得到了一本瑞典王后索菲亚专用的《圣经》。古斯塔夫和明娜在船上相识，于1900年2月在中国结婚。

彼德森·玛丽亚1873年出生于瑞典西约特兰，农村家庭，19岁成为基督教传教士，1896年被派往中国做传教工作。她先在运城总部工作。1899年3月，玛丽亚被派往河南新安县做传教工作。他们到新安工作时间不长，1900年的夏天，就发生了义和团事件。义和团杀死了很多信基督教的中国人和传教士以及他们的孩子。在这些被害的传教士中，有41名瑞典传教士和他们的15名孩子。斯托哈默这对新婚夫妇和另外一群瑞典传教士有惊无险地逃到了海边。但是彼得森·玛利亚和另外两名女传教士没能及时得到信息，没有和之前这批人一起逃离。她们艰难跋涉80天，才到了海边。这期间的旅程充满了无数的艰辛、痛苦和恐惧。途中，她们被一帮义和团的人抓到，还差点被砍了头。当时玛丽亚很镇定，她微笑着对要杀她的刽子手说："我不怕死，请等等，先让我讲讲有关上帝在我们中间的事迹。"抓她的人被她的无所畏惧吓倒，竟然让她们活了下来！传教士们回到了瑞典，明娜这时也怀孕了。他们的第一个孩子丹尼尔于1901年1月在瑞典维特兰大城外的小镇科斯堡出生，这就是后来凯琳女士的父亲。1902年，玛丽亚和助手回到新安继续她们的工作。古斯塔夫·斯托哈默和妻子明娜也搬到那里，每月都到渑池开展他的工作，他在渑池租了一个地方做为福音堂。他们一家于1904年搬到了渑池并定居下来，1909年他在渑池买下了一块地并建起了福音堂和传教士们的宿舍。这就是现在渑池县西关福音堂的前身。

从1896年到1946年，这期间中国是兵荒马乱、民不聊生，数不清的自然灾害和疫情使这里的人民群众流离失所。斯托哈默在新的福音堂建成不久，就开设了一家"鸦片戒毒所"。每年，他们帮助20—25人戒掉鸦片毒瘾。不久又创立了一所专门针对男孩子的学校，几年之后增开了一所女子学校。在女校里，教女孩子们学习，同时教她们不要缠足。他们非常热爱中国人民，为了融入中国社会，就穿起了中国服装。他们的生活一点也不奢侈，在当地他们也遭受了和中国人同样的苦难。1909年，他们在渑池出生的孩子因疾病无法医治而死去。

当时，在世界上的很多地方都硝烟四起。但是1914年的夏天，传教士写到在中国非常安定，他们很看好中国的未来。这样的美好格局被第一次世界大战的爆发而中断了，战争蔓延到了中国。几乎每天，斯托哈默在渑池的房子外都有处决人的事件发生，明娜无法忍受这样的处境。她的神经几乎崩溃，被迫离开了她一手创立的女子学校。之后，他们一家回到了瑞典。斯托哈默在1919年又回到了中国，但是明娜无法再经历长途跋涉，所以他们的传教士工作在1920年的春天结束。瑞典另一位传教士奥西安接替了斯托哈默在渑池的工作，他这年在日记中写道："整个河南西部都被强盗控制，我们的一些同工被绑架了。我们的房子里积满了从南边来的难民，中国陷入了可怕的混乱中。在渑池，来了1500名被打败的士兵，这些士兵对待老百姓非常残忍。我们祈祷这些军队能受到致命打击。"就是在这样的背景下，奥西安被豫西政府授命为救灾总负责人。奥西安在《秦地》杂志上呼吁在瑞典的传教士朋友们给予额外帮助。当时筹集到超过 4 万克朗，相当于今天的大概一百万人民币。那是相当大一笔款项，因为在当时的瑞典，人们也都很贫穷，有三分之一的瑞典人都逃到美国寻求更好的生活。就是在这样艰难的状况下，瑞典传教士在中国的救助工作还在正常进行。玛丽亚在几个月之后的日记中写道："有一千万人挨饿，我找到了 3 个被父母绑在树上的孩子。两个大点的被她救活了，但是最小的却失去生命。"那时，那里的贫苦家庭穷得连孩子一块遮羞布都没有，他们每天都在教堂门口等待，眼巴巴地期待能喝上一口能维持他们生命的稀粥。

1920 年间，在河南的老省会洛阳至少有 70 个刚出生的孩子被丢弃在城墙脚下。1921 年一位加拿大女士的信件中写道："在新安，玛丽亚和她的同工担任着艰巨的任务。在救助站有一个容纳 200 名男孩的收容所和一个容纳 600 名妇女的妇女收容所。他们还有一个专门针对即将临盆妇女的救助站和有 200 孤儿的孤儿院。除此之外，她们还有一个可以提供 1000 人吃饭的食堂。1922 年，儿童院有了一所专门建造的更宽敞舒适的房子，还有一些附属的中国建筑，孩子们有了更宽广的运动场。"新安孤儿院工作的传教士卡尔在他的年终报告里写道："新安的孤儿院，被遗弃的女孩子、男孩子、盲人和有残疾的孩子成了该市最大的风景线。"玛丽亚是 1952 年最后一个离开中国的传教士，她在中国的五六年间救助了 3000 多名孤儿和无数的中国家庭。

1917 年春天，当时受聘于北洋政府的安特生坐火车到河南考察。在这趟火车上，他遇到了玛丽亚。他在他之后的著作《中国龙与洋鬼子》里写道："在货车厢的尽头，坐着一位衣着简朴的西方妇女，有着一双闪耀着善良和智慧的眼睛。"他们用英文互相道好并交谈。安特生立即被玛丽亚的气质所折服。这是一次令安特生终生难忘的谈话，一小时后，到了玛丽亚工作的城市新安县。他们互留下地址后告别。之后，玛丽亚给他提供了古生物化石方面的信息，安特生就萌生了为瑞典博物馆采集化石的念头。他向丁文江（时为中国地质调查所负责人）提出，由他在瑞典国内募集资金，在中国采集古生物化石，所采集的化石标本一半归中国，一半捐给瑞典。1917 年年末，中国方面批准了他的请求。随后，瑞典方面成立了以王储任主席的"中国委员会"，先后提供了 85 万克朗的资助。从此，安特生便开始致力于古生物化石的调查和采集。正是这项工作，把他引向了河南西部韶山脚下的仰韶村，这是一个大发现的前夜！

　　1918年11月29日，安特生第一次拜访了玛丽亚，他非常感谢玛丽亚的帮助，他计划在新安附近走一天，想找到一些化石。安特生听说过这附近有强盗，就随身携带了一把手枪。但是玛丽亚说如果他跟着她，必须把手枪放在家里。他们一整天徘徊在山区并穿过很多村庄。在旅途中，玛丽亚告诉安特生很多关于强盗们的故事。安特生觉得他们一直都被监视，但是什么也没发生。

　　安特生可能不知道，玛丽亚在新安确实是有相当大的影响力。有个故事可以说明这一切。一天晚上，强盗和士兵在新安有过交锋，双方受伤的人都到瑞典福音堂救治包扎。福音堂的气氛很快就严肃起来，似乎要开始一轮新的战斗。玛丽亚命令："你们现在安静下来，士兵在西边，强盗在东边，如果有人要越界，我就把所有人的绷带解开，把你们都扔出去。"从那晚之后，身材娇小、安静的玛丽亚成了新安地区强盗们的圣人。安特生之后告诉其他传教士："强盗们微笑着看着她，在新安只要和玛丽亚一起到任何地方都是安全的。"之后，玛丽亚推荐他到渑池看看。安特生到渑池就住进了斯托哈默创建的福音堂里，并参加了礼拜。接待他的是瑞典传教士师天泽和渑池县政府知事胡玉藩。在他们的帮助下，在渑池北部他们找了更多的古生物化石。

　　1919年，安特生再次来到新安看望玛丽亚，当时整个河南省都处于饥荒之中。玛丽亚和她的同工们投入到了救灾工作中。当时在一间新装修的小孤儿院里安置了上百名的孩子。玛丽亚当时都没有自己的空间，她的房间地板上睡满了孩子。这年，瑞典科学院因玛丽亚协助安特生发现古生物化石而授予了她一枚银质林奈奖章。

　　1921年，安特生再次来到渑池，发现了举世闻名的仰韶文化。开创了中国史前考古和田野考古的先河。这期间当然离不开玛丽亚的帮助。可以说，如果安特生没有和玛丽亚那次在火车上的相遇，如果玛利亚没有向安特生推荐仰韶村，可能就会改写仰韶文化发现的历史。相反，就是因为这次邂逅，成就了一个震惊世界的考古大发现！安特生在他的《中国龙与洋鬼子》一书中，用整整一章来描述对玛丽亚的爱慕和敬佩。文章最后写道："亲爱的玛丽亚，当我看到你所做的一切，让我对你大无畏的勇气致敬，通过你无私的帮助那些无助的孩子，你和你的同工们受到了中国人民的尊敬。你的付出弥补了其他外国列强对中国人民犯下的种种罪行。①"

---

① 本节据杨拴朝《仰韶文化背后的故事》改写。

圣地百年——仰韶村遗址发现百年纪事

四、袁复礼教授

袁复礼（1893—1987年），1893年12月
31日出生于北京，祖籍河北省徐水县，是
我国著名的地质学家、古生物学家、考
古学家、地质教育家（图9）。他于1903
年入私塾读书，1912年毕业于南开学校，
1913年至1915年，在清华学堂高等科学
习。1915年夏天毕业后，获庚子赔款赴美
国深造。在美国，一个偶然的机会，他听
了一次海岸地貌的演讲，遂产生兴趣并选
择学习地质学。先后在美国布朗大学、哥
伦比亚大学学习教育学、生物学、考古学
和地质学。1920年获哥伦比亚大学硕士学
位后，于1921年回国任北京农商部地质
调查所技师。1922年秋起应李四光聘请在

图9 袁复礼教授

北京大学地质系兼课，讲授地质测量。1924年在北京大学首次开出"地文学"课。
1932年袁复礼发起成立了清华大学地学系，任教授和系主任。抗日战争爆发后，学
校被迫南迁。1938年2月，他和黄子坚、闻一多等率领200多名由北大、清华、南
开3所大学的师生组成的"湘黔滇旅行团"，跋山涉水，步行68天，行程1663公里
抵达昆明。在昆明成立的西南联大，他担任了几门课的教学。同时还承揽了地质调
查和勘探矿产的任务。抗战胜利后，袁复礼回到北京，先后在清华大学、中国地质
大学任教，先后讲授过地文学、地理学、地形测量学、地貌学、第四纪地质学、地
质制图学、普通地质学、构造地质学、矿床学、岩石学、区域地质学等学科。在他
60多年的地质事业中，从未离开过教育战线，为我国地质事业培养了几代学子，仅
中国科学院学部委员就有30多位。全国地质院校的院校长、地矿部和各省局的总
工程师，许多都受过他的教诲。他为我国培养了几代地貌学第四纪地质工作者，是
我国第四纪地质学、地貌学和新构造学的奠基人之一。就是在1978年以后，袁复
礼先生已经是85岁高龄的老人，还孜孜不倦地培养了多名研究生，参加编译了《现
代科学技术词典》《韦氏大词典》和《英汉辞海》；审校了《英汉常用地质词汇》《英

汉地质词典》等工具书；撰写和发表了《新疆准格尔东部火山岩》、整理了《1927—1932年西北考察回忆录》等专业著作，并先后发表。袁复礼教授为中国的地质教育事业做出了重要贡献，被他的学生们称为"太师爷"，称赞他"学问好，道德好，作风也好"。

　　袁复礼教授是中国西北科学考察的先行者。19世纪末20世纪初，在当时政府软弱无能的情况下，一些外国的探险家、科学家无视我国主权，凭借他们的先进技术和优良装备，肆无忌惮地侵入中国广大地区，尤其是有着许多未经勘探开发且古文化遗址众多的大西北，将大批珍贵的历史文物、地质、地理、有关动植物等科学资料偷运到境外。袁复礼先生等一批有着强烈爱国思想和事业心的中国学者深感痛惜。他早就开始关注着这一片中国的土地。1923年到1924年，袁复礼先生和瑞典考古学者安特生一起就到甘肃进行过考古和地质调查。1926年，瑞典探险家、地理学家斯文·赫定在北京，计划率领包括瑞典、德国、丹麦等外国团员在内的西北考察团，到我国西北地区的宁夏、绥远、内蒙古、甘肃、新疆等地考察。他们计划庞大，野心勃勃，引起了我国学术界的焦虑，恐怕它会重复过去侵犯我国主权、掠夺我国文物的侵略行为。为维护我国主权，北京的学术界发起组织了"中国学术团体学会"，拒绝他们前往。后经多次交涉谈判协商，达成中外合作协议，将考察团的名字由"斯文·赫定中亚探险队"改为"中国西北科学考察团"，签订了19项合作协议：由中瑞双方各派一名团长，双方地位平等，考察团员数量相等；所有考察采集品留在国内，外国团员不得将考古物品携带出国，不得购买考古艺术品，地质学的采集物品，运回北京后，经西北考察团理事会审查，可以将一份副本赠予斯文·赫定；自然科学中的图线记录，须交理事会审查；所绘制的地图不得大于三十万分之一的比例；凡直接或间接与中国国防有关系的事物，概不得考察。这是我国现代科学史上维护国家主权的第一个中外平等协议。这次考察的外方团长由斯文·赫定担任，中国团长先期由中国学者徐旭生担任。后来，徐因故离队后，由袁复礼代理团长。从1927年到1932年，袁复礼教授率领的考察团取得了丰硕成果：首次确定了我国有早石炭世晚期地层存在，为我国南、北方石炭系地层、古生物对比和古地理研究打下了基础。他在新疆发现的大量二叠纪和三叠纪兽形类爬行动物化石，是当时轰动中外的重要发现。他所建立的中生代煤系地层剖面等考察成果给后人留下了宝贵的科学资料。他对新疆博格达山北坡天池的地形地貌所作的调查、测绘和记述，与近年新疆地理研究所调查的结果基本相同。就是瑞典方面的团长斯文·赫定后来到世界各地演讲时，总是把袁复礼教授的发现放在第一位。为此，袁复礼教授在1934年获得了瑞典皇家学院颁发的"北极星"奖章。

袁复礼教授还为我国的矿产资源调查、水利建设和工程地质做出了奠基性的贡献。早在1921年，他从美国回来不久，就先后调查提交了南京凤凰山铁矿调查储量报告，对甘肃天祝臭牛沟煤田、永昌炭山堡煤田、红山窑煤田等进行了资源评价。在新疆考察时，对新疆的煤、铁、石油资源进行了调查，对新疆老君庙煤层的自燃现象进行了调查，还指导当地群众采矿和改进炼铁技术，受到当地群众的爱戴。抗战期间，在长沙临时大学，他在完成教学任务的同时，调查了湘东湘西的金矿，写出了考察报告上报给经济部资源委员会，提出了有利于支援抗战的金矿管理意见。在西南联大，他在川、康、滇许多地区调查了煤、铁、金和多种金属矿藏，并写出了多份考察报告上报给经济部资源委员会。新中国成立后，袁复礼教授更是以极大的热情为国家寻找和勘探矿产资源献计献策，并亲身实践。1950年，他在担任燃料工业部顾问时，提出了我国石油资源的发展前景。之后，他先后为内蒙古、河北、辽宁、吉林、广西、山西等省、自治区先后找到了一批煤、金、铜、铅、锌等矿产资源。由于他一生勤奋学习、积累了丰富的全国各地的矿物岩石卡片，无论到全国何处，师生们都可以从他那里找到需要的活资料。为此，袁复礼教授曾经被大家称为"百科全书"和"活字典"。

20世纪50年代开始，我国开始了黄河、长江两大河流治理的理论论证、考察和实践，中国和苏联专家参与了考察和论证。袁复礼教授作为中方专家组的负责人之一，主要负责有关地质方面的调查和论证。他先后参加了三门峡水库、三峡水利枢纽工程、刘家峡水库的选址工作。1959年4月5日至12日，中国第四纪研究委员会和三门峡地质勘探总队联合召开了三门峡第四纪地质会议，袁复礼教授在会上作了《三门峡第四纪地层和其相关的一些问题》的发言。他对三门峡水库、三峡大坝、刘家峡水库选址的意见，得到当时苏联专家的敬佩和尊重，他有关地质方面的建议对选址起到了关键作用。袁复礼教授还参与了南京长江大桥地质调查、上海地面沉降水文地质论证等我国一些重大工程建设的技术论证和方案确定工作，他提出的意见和建议都受到中外专家学者的赞赏或被直接采纳。

袁复礼教授还是近代中国第一位考古学家。是我国考古事业的先驱者之一。1921年10月27日至12月1日，他同瑞典学者安特生等中外考古专家在河南省渑池县仰韶村发掘了新石器时代遗址，获得重要发现，被命名为"仰韶文化"。发掘期间，他测绘了仰韶村遗址地形图，这是中国考古史上第一张田野地形图（图10）。
1923年春，袁复礼将安特生写的《中华远古之文化》作了中文节译在《地质汇报》
上发表。在这次发掘中，袁复礼是中方的主要参与者和组织人，也是安特生最主要
的助手之一。1934年安特生在他所著的《黄土地的儿女》一书中这样评价袁复礼的
作用："在整个发掘阶段，北平地质调查所的袁复礼先生一直帮助我进行工作。""由
于他为人机智并善于待人接物，我们的发掘从未受到任何阻碍。"1926年初，清华
国学研究院的李济和中国地质调查所的袁复礼到山西汾河流域考察，3月24日发现
了位于夏县西阴村北灰土岭上的西阴村遗址。李济在这次旅行报告中写道："……在
我们寻访这些陵墓途中，出现了意想不到的事。当我们穿过西阴村后，突然间一大

圣地百年——仰韶村遗址发现百年纪事

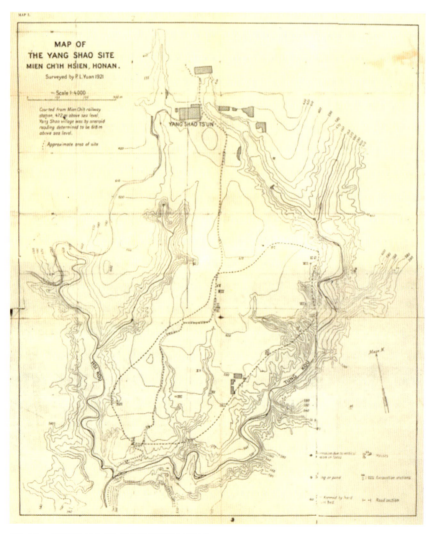

袁复礼绘制的1:4000仰韶村遗址地形图

A 1:4000 map drawn by Yuan Fuli

图10 袁复礼绘制的仰韶村遗址地形图

片到处都是史前陶片的场所出现在眼前，第一个看到的是袁先生。这个遗址占地有好几亩，比我们在交头河发现的要大得多，陶片也略有不同。当我们随意捡拾一些暴露在地表的碎陶片时，聚拢了不少村民，我们没有能在这里逗留多久，以免引起过多的注意……[1]"从这件小事，可以见出袁复礼的机智和敏锐，也可以证明，西阴遗址也是袁复礼最先发现的。

李济的这篇考察报告，引起了当时的清华校长曹云祥、教务长梅贻琦和美国汉学家毕士博的重视，他们都极力主张再到山西西阴村进行考古发掘。1926年10月至12月，以李济和袁复礼为领队的考古队对西阴遗址的考古发掘取得了重要收获，证明这是一处与河南渑池仰韶文化相同的史前文化，为仰韶文化的研究提供了新资料。在这次发掘中，袁复礼还负责测量绘图。他和李济先生采用的"三点记载法"和"层叠法"，成为后来在田野考古上沿用至今的"层位学"的鼻祖。这次发掘在中国考古史上也成为由中国学者自己独立主持的第一次发掘。

如前所述，从1927年到1932年的五年间，袁复礼教授率领的"中国西北科学考察团"在我国大西北各省进行考察时，除了对地质学、矿藏学、古生物学等方面进行考察外，它们还沿途进行了考古调查，前后共采集了20多箱考古标本。这些文物标本为后人的研究提供了十分珍贵的资料。直到20世纪80年代以后，陈星灿、曹勇等还在利用这些资料进行挑选、整理、研究，并取得了新的成果。

对于袁复礼教授为中国考古事业做出的贡献，中国社会科学院考古所研究员、中国考古学会原副理事长、庙底沟遗址第一次发掘的主持者安志敏先生在《桃李满天下——纪念袁复礼教授百年诞辰》一书中撰文写道："袁复礼教授积极参与中国近代考古学的缔造过程，用智慧和汗水灌溉着它的育成和发展，如仰韶村和西阴村的首次发掘，在中国考古学史上属于划时代的标志。而历时五年的西北考察，又为这一带的史前文化提供了崭新的认识，这些都是不可磨灭的学术业绩。……袁复礼教授作为中国近代考古的先驱之一，是当之无愧的。[2]"

袁复礼教授的一生，不仅为我国的考古、地质、古生物、矿产等事业的开创和发展起到了肇始和奠基作用，做出了杰出贡献，而且他的为人忠实厚道、胸怀坦白、平易近人、温和可亲，受到后人的敬重和爱戴。1993年12月31日，在袁复礼

---

① 袁刚、袁扬、袁方、袁鼎编著：《西北科学考察的先行者——地学家袁复礼的足迹》，新华出版社，2007年5月第一版，第103页。

② 《桃李满天下——纪念袁复礼教授百年诞辰》，中国地质大学出版社，1993年12月版，第241页。

教授 100 周年诞辰时，中国地质大学为他举办了隆重的纪念活动，并出版了纪念专辑，收录的 89 篇纪念文章中，除了袁复礼教授未发表过的 4 篇文稿外，其余作者中就有学部委员和院士 28 人，教授级专家 53 人。著名书法家启功先生抱病题写了书名："桃李满天下"，原全国人大副委员长胡厥文为他题词："思虑专精，科学泰斗，待人则忠，仁者必寿。"原全国政协副主席钱伟长题词称他为"一代大师，千秋风范"。

五、仰韶村遗址的第一次发掘

1921 年 10 月的一天，一支由瑞典地质学家安特生带领的考古队伍向仰韶村出发了。这支队伍中的外国人，除了安特生以外，还有奥地利古生物学家师丹斯基、加拿大人类学家步达生。中国人有地质学家袁复礼、技工陈德广和白万玉、工作人员姚氏、刘氏、陈氏、张氏等。他们所携带的发掘工具手铲、毛刷、铁镐、铁钩、皮卷尺、照相机、胶卷等，都是由中美中亚考察团从美国带回来的先进发掘工具。从人员组成和工具准备来看，当时的瑞典和中国专家对这次发掘是做了充分准备的。他们从北京坐火车沿平汉铁路到郑州，向河南省省长呈上了中央政府的护照等证明。经批准后，又沿着陇海铁路乘火车到渑池县。到渑池县办理了有关批准手续后，来到仰韶村，驻进了当时的仰韶村保长王兆祺家。这次发掘从 10 月 27 日开始，到 12 月 1 日结束，历时 36 天。在这里，他们共开挖了 17 个探坑（据当年被雇佣的村民回忆，挖一个土坑给 5 块银圆）。他们按水平方向，将 3.2 米深的探沟分为六层：第一层从地表至 70 厘米处，第二层为 70—150 厘米处，第三层为 150—200 厘米处，第四层为 200—240 厘米处，第五层为 240—270 厘米处，第六层为 270—305 厘米处。他们按深度记录发现遗物的数量，把各种遗物分类后，把其中的陶器按颜色分为红、黑、灰三种。由于安特生统计的六层都是这样，致使他得出的初步结论认为仰韶村遗址是一种文化，即仰韶文化的连续堆积。这种方法打乱了不同时期自然堆积所形成的考古学文化年代之间的层位关系，扰乱了被后来证明有仰韶文化和龙山文化两种不同类型的先后顺序；以颜色把陶器分类的方法，也同样存在着上述缺陷，忽略了陶器的质地、纹饰、器形等文化现象，难免给以后的研究带来混乱，安特生自己给自己也带来了麻烦。但总的来看，这次发掘收获丰富，不仅获得了一批石器、骨器、陶器、贝器，其中还有一些彩色陶器和完整的器物，还在探沟的断面上发现了史前人曾经住过的房基和古井等遗存。这种开挖探坑的方法，始于仰韶村遗址，之后的近 100 年间，这种方法一直是考古发掘特别是遗址发掘最常用的方法。在当时中国考古学还没有比较标准的情况下，首次发掘出现这些失误和缺陷，是在所难免的，也还可以理解的。但是，这些丝毫不影响安特生主持的这次由中外考古学家联合进行的考古发掘的重要意义和深远影响（图 11、12）。

　　如前面所说，在这次发掘工作中，中方的袁复礼不仅要帮助安特生等做现场记录，还要测绘一些有关的地图，同时还要兼做外方人员的翻译，还要协调解决发掘过程中出现的一些矛盾和问题。据回忆，当时在发掘时，当地村民由于不了解考古队

第二章

发现仰韶

图 11　河南渑池仰韶村文化遗址第一次发掘现场

图 12　安特生、袁复礼等在仰韶村遗址发掘时与房东的合影。安特生（左二）、袁复礼（左一）与房东王兆祺（右一）和父亲（右二）在小院前合影

工作的意义，他们迷信地认为，考古队在地上到处开挖的探坑会破坏风水，就无知地出面干扰阻挡，使发掘工作被迫停了下来。安特生十分着急，就让袁复礼等中方人员去向渑池县政府汇报。在县政府出面进行干预和调解后，发掘工作才得以顺利进行。

在这次对仰韶村遗址进行发掘期间，安特生还在仰韶村附近做了调查，先后发现了不召寨、杨河村、西庄村三处史前遗址。安特生和陈德广（有的说法是师丹斯基，这里根据夏鼐回忆①）还对不召寨遗址进行了小面积的发掘。仰韶村发掘结束后，他们还到河南的郑州附近进行了调查，发现了荥阳的秦王寨、池沟寨、牛口峪等史前遗址，并采集了一些陶器和石器标本。可以说，这次中外考古学家的仰韶村发掘，收获丰富，不虚此行。

1923 年，安特生根据他在仰韶村遗址采集和出土文物的研究，撰写和出版了他研究仰韶文化的第一本著作，最先用英文报道了仰韶村发掘的成果和重大意义，这本书的英文名字叫"An Early Chinese Culture"，如果直译过来就是《中国早期的文化》。袁复礼教授在进行节译时，把名字翻译为《中华远古之文化》，是为了便于国内人的阅读理解。这个书名，一直沿用至今，影响广泛而深远。安特生在撰写这本书时，面对着许多他过去从未遇到的难题不能破解，但是有一个观点他始终是明确

① 中国社会科学院考古研究所编辑：《夏鼐文集（上）》，社会科学文献出版社 2000 年 9 月第一版，第 342 页。

的，也是值得我们尊敬的：他断定"中国文化源自于本土"，这是一种"早期的中国人的文化"。他在本书中，把这种发现于中国仰韶村的文化按照当时的国际惯例命名为"仰韶文化"，又根据出土众多彩色陶片的特点，形象地命名为"彩陶文化"。这一命名，如一声惊雷，不仅引起了国际学术界的轰动，也宣告了中国没有新石器时代和新石器文化的妄言不攻自破。不仅如此，安特生把后来在河南渑池、郑州荥阳和辽西沙锅屯等地发现的同一种文化都归入仰韶文化名称之中。这种用首次发现地命名考古学文化的先例，一直沿用至今，这也是安特生的贡献之一。这部著作以地质汇报的形式编写，以农商部地质调查所的名义出版，成为中国田野考古的第一本发掘报告。

由于仰韶村遗址是安特生、袁复礼等在中国正式联合发掘的第一处史前新石器时代遗址，所以，对出土器物及遗址本身如何定位，年代如何确定，器物的性质、特点等如何分类命名等等问题，在中国本土都没有可以参照的先例。在时空关系和微观定性方面，安特生只能就事论事地得出上述一些在当时看来已经是难能可贵的结论。巧合的是，早在此例之前的 1904 年，美国考古家斯密特等人在沙俄土库曼即土耳其斯坦的安诺遗址和沙俄南部的特里波利遗址也发掘了一些史前的彩陶器物残片，这些材料安特生在中国地质调查所见到过。安特生发现它们有相似之处，至于谁影响谁，他也不敢断定，于是他就建议地质调查所到位于安诺和仰韶之间的通道上（甘青地区）再进行调查。与此同时，安特生还决定征求一下当时世界上学术界的意见作为参考。他先是将绘好的仰韶、安诺及特里波利的彩陶纹饰比较图送给考古学家瑞典皇太子进行研究，同时也寄给安诺遗址的发掘者斯密特博士征求意见，1922 年 5 月又到英国伦敦广泛征求有关专家的意见，在英国博物馆组织专家讨论。最后，他采纳了英国人郝步森的意见，即：仰韶彩陶与近东和欧洲彩陶相似，可能同出一源。这就是安特生关于仰韶文化西来说的理论出处。

为了验证自己关于仰韶彩陶西来说的假设，从 1923 年到 1924 年，安特生就到中国西部的甘青地区进行考古调查。后来在瑞典发表了关于这次考察的简报《甘肃省的考古发现》。在这篇文章中他改变了自己以前关于中国文化源自本土的说法，认为中国人是自新疆迁入的。而这种新疆文化曾受到西方文化的影响。他的这一观点发表后，立即遭到瑞典汉学家加尔格林（Klas Bernhard Johannes Karlgren，又译为 高本汉）的反对，认为安特生的推论自相矛盾，加尔格林在比较了甘肃和河南两地出土的两种彩陶以后，认为两者并不完全一致，基本上否定了安特生的中国文化源自新疆的观点。他说：假如确有持有彩陶的民族于公元前 3000 年从其旧居新疆和甘肃侵入东方，远到河南"未必能殖民于此"，而结果却被"真纯之中国民族所同化"。同时，瑞典考古学家阿恩（T.J.Ame，又译为阿尔纳）将仰韶出土的彩陶进行了专题研究，又发表《河南石器时代之着色陶器》的文章支持了安特生的说法，认为以彩陶和铜为特征的西方文化对中国本土文化发生了深刻作用。但他也承认要确定这一观点，还需要等待开展更多的考古发掘和研究工作。

上述加尔格林和阿恩的看法尽管有分歧，但有一点是相同的，即二人都承认在彩陶传入之前，中国已经有自己的本土文化。安特生采纳了他们的意见，对自己的观点又进行了修正。修改成了：（一）发源自黄河中游的中国文化是由西向东传播的。（二）彩陶源自西方，由西向东传播至甘肃的。鉴于这种观点，安特生认为在甘肃发现的彩陶早于在河南渑池发现的彩陶。他和加尔格林、阿恩都认为在新石器时代晚期，有来自西方的一支以彩陶为代表的先进的农业集团进入了黄河流域，与原来的土著文化相融合，并成为中国的史前文化。这一错误的中国文化西来说的观点在国际学术界广为流传，影响极坏，曾长期影响着中国新石器时代文化的研究。这是安特生研究仰韶文化的最大的失误之一。

从以上事实，我们可以看出，就仰韶村遗址的发现来说，有三种说法，一是安特生先采集到"龙骨"后，派刘长山去调查，采集到大量石器和陶器标本，回到北京向安特生汇报后，决定发掘的。二是刘长山是到河南采集动物化石时意外发现的。刘长山长期跟随安特生工作多年，对古生物化石和史前石器很有研究，他在洛阳西部收集石器，主要任务是收集第三纪脊椎动物遗存。刘长山在渑池县仰韶村采集到不少动物化石的同时，意外地发现了一个古文化遗址。此前，仰韶村的农民已经在这个遗址上零星发现并收藏许多石器。刘长山询问了石器的出处，实地调查了村南的石器出土地点，亲自采集了部分器物，并把在农民家里看到的史前石器搜集或购买起来，将采集到的 600 多件石器带到北京，让安特生看后，决定发掘的。三是瑞典传教士玛利亚在渑池传教期间，偶遇安特生，并介绍安特生到仰韶村采集到古生物化石后，安特生才决定发掘的。不管是哪一种说法，有一点是可以肯定的：刘长山在仰韶村采集的 600 多件石器和陶器标本，对安特生决定发掘起到了关键作用。不管刘长山是安特生派去的还是自己先到的，他在长期跟随安特生的工作中，对古生物化石、史前石器都很熟悉，并且他在地质调查所内也看到过不少标本，具备这方面的知识。在仰韶村能有选择地采集到有用的标本，应该说与他的专业知识是分不开的。也正如袁复礼教授在回忆这段往事时所说:"安特生在仰韶村文化遗址的发掘和对仰韶文化的初步研究上确是首功,而且为研究我国远古文化开辟了道路。但若不是刘长山先生从那里采集并带回那么多石器,同时还向他介绍了仰韶村的情况,安特生决不会有这一发现。据我所知,刘先生到那里采集石器并不是安特生委派刘所为,而是刘自为之。刘先生采集之前,安特生根本不知其地,更不知有其物。(见前述)"

从发掘的组织和批准角度看,这次发掘是由当时的中国地质调查所组织的,是经过中国各级政府批准同意的。从参加发掘人员的组成情况看,除了参加发掘的安特生等三名外方人员外,中方参加的以袁复礼教授为主,还有陈德广、白万玉等7人。尽管主持人是安特生,但他本人也是受雇于中国政府的,参加发掘的中方人员也是以合作的方式进行工作的。袁复礼等在发掘工作过程中也做了很多工作,起到了很重要的作用。我国著名的考古学家贾兰坡先生在纪念袁复礼教授百年诞辰的论文集《桃李满天下——纪念袁复礼教授百年诞辰》一书中写了一篇《要像袁复礼先生那样做人》的文章,他写道:"1921年安特生和袁复礼先生共同发掘的仰韶文化,因为首先发现于河南省渑池县城北仰韶村而得名。……由于当地人不了解中瑞合作考古的内幕,把袁复礼先生说成是'翻译官'。实际上袁先生是作为中国学者,和安特生一起到仰韶村进行考古发掘,袁先生当时起了很重要的作用。安特生在他的文章中也肯定了袁先生的工作。听袁先生说,安特生不是经常在发掘现场,发掘工作常常由他指导进行,发掘现场的地形图也是由他测绘的。[①]"

从以上事实可以看出,仰韶村遗址的发现和发掘,从社会背景来看,是时代对考古学的呼唤;从发掘的组织工作来看是由中国的学术机构中国地质调查所组织、并得到中国政府同意的一次学术活动;从参加发掘的人员组成来看,也是由中外考古学家联合工作的结果;就是安特生本人也是受聘于中国政府的外籍专家、是中方的雇佣人员。至于对"仰韶文化"和"彩陶文化"的命名,应该说安特生是有首功的,但这也是按照国际惯例命名的。这个命名,不仅惊醒了国人,也惊动了世界。意义重大,影响深远,历经百年实践检验,不仅没有消减,反而其生命力越来越强,成为中国考古学史上命名最早、文化涵盖面最广、影响力最大的一种考古学文化。这次由中外考古学家联合进行考古的首次科学尝试,在今天改革开放的时代背景下,仍然是一条中国考古事业改革开放的必由之路。

① 《桃李满天下——纪念袁复礼教授百年诞辰》,中国地质大学出版社,1993年12月版,第10页。

第二节　第二次发掘：仰韶村遗址有两种文化 ①

一、夏鼐

夏鼐（1910—1985 年），字作铭，1910 年 2 月 7 日出生于浙江省温州府永嘉县（今温州市）。1927 年以前在温州上私塾、小学和初中，1927 年 9 月到上海上高中。1930 年高中毕业后，他来到北京，进燕京大学，次年又转入清华大学求学。1934 年 7 月在清华大学历史系毕业，获文学学士学位。同年 10 月初，他考取清华大学留美公费生的考古学部门，以求出国深造，学习近代考古学（图 13）。

图 13　夏鼐

按照当时的规定，出国前要在国内准备并实习一年。因此，1935 年春，他以实习生的身份参加了在河南省安阳由梁思永先生主持的殷墟西北冈墓群的发掘，与梁思永、石璋如、尹达等相过从，在实际工作中学到了许多考古学知识和技术。这一年是夏鼐从事考古工作的开始。

1935 年夏，征得有关方面同意，夏鼐改派到英国学习，在伦敦大学攻读考古学，师从英国著名考古学教授惠勒（M.Wheeleer）。留学期间，夏鼐先后在英国、埃及、巴勒斯坦参加了多处遗址的考古发掘。1939 年秋，第二次世界大战在欧洲爆发，夏鼐由英国经埃及回国。期间，在埃及开罗博物馆从事研究工作一年，1941 年回到昆明。当时正值抗日战争，夏鼐回国不久便在当时设在四川的中央博物院筹备处任专职委员。到 1949 年春，夏鼐先后任中央研究院历史语言研究所副研究员、研究员，他一边从事室内研究工作，一边随吴金鼎、向达等参加了在四川、甘肃等地的考察和发掘工作。1945 年，他在甘肃宁定阳洼湾齐家文化墓葬发掘中，发现了填在墓葬中的仰韶文化彩陶片，第一次从地层学上证明了仰韶文化的年代比齐家文化年

---

① 本节参考《夏鼐文集（上）》改写，中国社会科学院考古研究所编辑，社会科学文献出版社 2000 年 9 月第一版。

代早，从而纠正了安特生关于甘肃新石器文化的年代分期。这标志着中国史前考古学的新起点，也意味着由外国学者主宰中国考古学的时代从此结束了。1949 年春，当中央研究院的图书、文物资料被搬运到台湾，李济、董作宾、石璋如等都随着殷墟出土的文物去台湾时，夏鼐当机立断，决定留在大陆。新中国成立后，他曾一度被聘为浙江大学教授。

新中国成立以后，国家创建中国科学院，由郭沫若任院长。1950 年夏，在中国科学院设立考古研究所。根据郭沫若院长的提名，周恩来总理任命郑振铎为所长，梁思永和夏鼐为副所长。这样，夏鼐便从杭州来到北京，协助郑振铎、梁思永主持考古研究所的工作。由于郑振铎当时的主要工作是文化部文物事业管理局任局长，梁思永又经常生病，夏鼐实际上承担了考古研究所的主要业务领导工作。

1951 年春天，夏鼐率安志敏、王仲殊、马得志等人到河南西部和北部地区进行了大范围的考古调查。他在郑州确认二里岗遗址是早于安阳殷墟的一处商代早期的重要遗址，在渑池仰韶村，他又主持了对仰韶村遗址进行了第二次发掘，进一步指出该遗址不仅有仰韶文化遗存，而且有龙山文化遗存，从而为探求中原地区从仰韶文化到龙山文化的发展演变提供了线索。夏鼐在实际工作中对一些年轻的助手言传身教，身体力行，教他们怎样辨别土层、土质、土色、判定层位，怎样作好现场记录，怎样照相、测量和绘图。甚至他利用星期天自己亲自用毛笔在一块块陶片上书写土坑层位和层次编号。夏鼐的这种工作作风，为此后中国田野考古工作的健康发展奠定了基础。这年秋天，在长沙考察时，当时有不少人都认为马王堆汉墓是五代十国时期楚国马殷的墓，夏鼐经过考察确认它是一座汉代墓葬，这个结论被 20 年后的考古发掘所证明。随着社会主义建设事业的蓬勃发展，配合全国各种工程进行的考古发掘任务越来越多。为了适应形势发展的需要，中国科学院考古研究所联合文化部文物事业管理局、北京大学等单位在北京连续举办了四届全国性的考古人员培训班，夏鼐既是组织者有时还亲自授课。为了提高学员的实际工作能力，夏鼐主张在搞好课堂教学的同时，尽可能让学员到考古发掘现场实地练兵。这四届培训班每期三个月，每届培训人数都达一百数十名。不仅解决了当时全国各地一些大型工程急需考古发掘人才的困难，而且为我国此后考古事业的发展培养了一大批后备力量。

1956 年至 1958 年，国家决定开工建设黄河三门峡水利枢纽工程，这是新中国成立以后国家建设的第一个大型水利工程，也是万里黄河上第一座大型水库。开工之前，必须要进行考古调查和发掘。为了响应国家号召，保证工程的按时开工和顺利进行，夏鼐集合了科学院考古所和全国有关单位的一百多名考古工作者，组成了庞大的考古队，他亲自担任队长，安志敏担任副队长，开赴三门峡水库工程前线，开展了大规模的考古调查和发掘工作。这次行动，取得了丰硕的考古成果，不仅发现和发掘了庙底沟、虢国墓地等一批影响全国的重要遗址，而且保证了三门峡水利枢纽工程的按时开工和顺利进行。

　　1956年，根据当时的北京市副市长吴晗的提议，并经国务院批准，决定发掘北京昌平境内的明定陵。本来，夏鼐和郑振铎都不主张发掘古代的一些重要王陵，但是由于国务院已经批准，他不得不亲自担任发掘队队长，终日深入地下的玄宫内连续工作达三四个星期。虽然这次发掘获得了成功，但是，夏鼐通过工作实践，认识到由于发掘技术和文物保管条件限制，很多随葬帝王的珍贵文物都得不到妥善保管，他不主张以后再发掘帝王陵墓。此后，郭沫若院长又建议发掘唐乾陵，但由于夏鼐一直持异议，就一直没有付诸实施。郭院长服从夏所长的意见，至今还一直被传为我国考古工作史上的一段佳话。

　　1954年和1962年，郑振铎和梁思永先后去世。从1962年，夏鼐开始担任科学院考古所所长，从此一直到1982年，夏鼐担任所长长达20年之久。在繁忙的行政事务之余，夏鼐从未停止他的研究工作。由于他精通英文、法文、日文，使他可以阅读大量的外国研究资料，掌握了世界上一些先进的学科知识。在对中古代科学技术史、交通史研究的基础上，他阐明了中国在汉唐时期，与中亚、西亚，特别是与波斯和东罗马帝国在经济文化方面的广泛交流以及对西方文明的贡献。他用自己的学识和胆略纠正了过去很多已成定论的错误说法，如他对河北藁城商代遗址出土的铁钺的研究，证明是一件自然陨铁而不是人工冶铁制品，否定了中国在商代已进入铁器时代的错误结论。他撰文介绍了国外关于用碳14测定年代的方法，并在考古所筹备建立了碳14工作室。他在所里开展的用化学分析、金相分析和热释光测定年代的方法，为碳14测定年代法找到了辅助方法，为我国考古学上的年代断代找到了多方法相互验证的科学手段。夏先生卓越的研究成果和他慎重诚实的治学态度，引起了国内外学术界的高度赞扬和钦佩。

　　在担任考古所所长期间，夏先生不仅要领导考古研究工作，还担任了《考古学报》《考古》《考古学刊》和国家文物事业管理局主办的《文物》杂志等国家级考古期刊的主编和编辑工作，并担任了《中国大百科全书》考古学卷编辑的主任委员，为我国的考古出版业担纲出版了一大批学术性强、理论性高的专业书刊。1979 年 4 月，中国考古学会在西安成立，夏鼐被大家推举为理事长。1982 年 11 月，《中华人民共和国文物保护法》经全国人大通过并颁布实施，在这之前的修订过程中，夏鼐多次向有关方面提出建议和意见，花费了很大心力。为了更好地贯彻实施《文物保护法》，1983 年，文化部成立了国家文物委员会，夏鼐被任命为主任委员。

夏鼐还十分重视考古学科的学术交流，他不仅多次在北京接待过许多国家的访问学者，还组团到国外进行学术考察和访问，使他成为中国与世界在考古学领域进行交流的总代表。他的学术成就不仅在国内，而且在国际上受到普遍重视。赢得了崇高的声誉。先后荣获英国学术院通讯院士、德国考古研究所通讯院士、瑞典皇家文学历史考古科学院外籍院士、意大利近东远东研究所通讯院士等称号和职位，成为中国学术界接受外国国家级最高学术机构荣誉称号最多的学者之一，被人称为"七国院士"。 夏先生每次在接受这些荣誉时，总是谦虚地说："这不仅是我个人的荣誉，而是整个中国考古界的荣誉。"

夏鼐是中国考古工作的主要指导者和组织者，中国现代考古学的奠基人之一。1985 年 6 月 19 日，夏鼐去世，享年 74 岁。

二、仰韶村遗址的第二次发掘

仰韶村遗址的第二次发掘，是由夏鼐主持的。参加发掘的除夏鼐外，还有安志敏、王仲殊、马得志等，他们是 1951 年 6 月 28 日来到渑池县的。

自 1921 年，安特生、袁复礼等对仰韶村遗址进行第一次发掘后，距这一次发掘已经 30 年了。30 多年的时间里，我国又发现和发掘了很多处仰韶文化遗址。特别是中央研究院在山东发现了龙山文化，在河南安阳发现了仰韶文化和龙山文化的前后关系，即仰韶文化在下层，上层覆盖着龙山文化。根据这些发现来检查当年安特生在仰韶发现的出土遗物，便可以发现其中包含有仰韶和龙山两种文化的遗物。这种现象可以解释为仰韶村遗址原本就是一种混合型的文化遗址，也可以解释为这里原来就有仰韶和龙山两种文化，在原有地层上是有区别的，只是由于发掘者不小心，把两者弄混了。当时许多考古学家都倾向后一种说法。因为，据安特生 1947 年在瑞典出版的关于仰韶村发掘的正式报告中说，他当时发掘的 17 个点中，只有两个点做得比较仔细，将挖掘的深度记录了下来。但却是以深度来分地层的，无论哪一层都混合着仰韶和龙山两种文化的遗物。他也希望中国做史前考古的人能够在仰韶村再做一次工作，用正确区分地层的方法来勘对他的工作。1933 年，著名考古学家杨钟健、裴文中等曾到仰韶村考察过，此后渑池县的文物工作者也都几次到遗址上进行过调查和采集，但都未进行发掘。夏鼐觉得有必要再进行一次正式的发掘。

6 月 29 日，他们雇车来到仰韶村，翻过一条大沟，在上坡的路途中，就看见了沟两边的土崖上露出的文化层，灰土层中夹杂着很多陶片，偶尔也看到有石器残片。文化层厚的有 5 米左右，浅的也有 1 米多，还有很多袋状灰坑。在遗址中央一条沟的两旁，这些现象表现得十分明显。他们拿当年安特生发掘时测绘的图纸在现场进行比对，发现经过了 30 年，损坏得并不严重，他们决定先不要打动这一处，希望能保存下来留给后人看。

到仰韶村的前几天里，夏鼐等先在遗址上和附近进行调查。7 月 2 日，他们就雇了 10 名民工，在遗址的中心区，挖开了一道长 20 米、宽 5 米的探沟。这条沟文化层不是太厚，在大路东边的农田里，与安特生当年发掘的第三和第五地点接近。这时他们接到北京考古所的电话，催他们速回北京。这种选择，是希望可以尽快地结束发掘并能达到目的。探沟挖开后，他们便发现了安特生当年挖过的旧探沟，对照图纸，应该是他的第五个发掘点。因为旧探沟是西南东北斜方向，新探沟是南北正方向，新探沟正好跨着了旧探沟的东北角。在新探沟的北端，发现了 9 座墓葬，排列很稠密，深浅不一，最深的也只有 1.1 米。当探沟挖到生土层后，他们便停止了下挖，着手测绘四面断面上的地层图。先设置一条水平基线后，再按比例测绘各层的分界线。对出土遗物，也按地层分层采集登记。由于探沟所在的地表倾斜度较大，北高南低，所以探沟向南的文化层逐渐加厚。第一层，由地表向下 30～60 厘米，是后人扰乱过的地表层，上部曾经被犁耕过，土质疏松，向下未经翻动。表层中的石灰质经雨水溶解后多渗到这一层，土质较硬，有很多石灰质结核，就是当地俗称的料礓石。出土遗物除了史前时期的遗物外，还有很多近代的瓷片和铁片。第二层是古代文化堆积层，土层中包含的炭末灰烬和腐烂的有机物颇多，呈灰褐色。没有发现建筑物痕迹，但发现了一个较浅的灰坑，深度仅 20～40 厘米，呈不规则方形，东边长约 1 米，西边因压在探沟的边壁下，未做清理。安特生当年挖开的第五发掘点探沟，深度约 1.6 米，已经打破了生红土层。回填土也是用当时堆在沟边的土，混合着各种土色，已经变成了"五花土"。在这一层的文化堆积层中，出土了红底黑彩或深红彩的罐或碗、小口尖底的红陶瓶、灰褐夹砂的陶鼎等仰韶文化陶片，也发现有薄片磨光黑陶、压印方格纹灰陶、压印篮纹灰陶、残豆柄、内褐外黑的陶片、绳纹鬲、带流的陶杯等龙山文化的陶片。此外还有磨光小石锛、有孔刀、打制石器、泥制弹丸、残陶环等。食物残余的兽骨，似乎是猪骨。这些出土物证明这里的仰韶和龙山遗物确是混合在一起；又证明打制石器也是当时的制品。此外，在遗址上捡拾到的，除了陶片和磨光石器外，也有两件页岩制成的石镞，几片红底白衣黑彩陶片和许多打制石器。

探沟中发现的9座墓葬，都埋在第二层中。其中4座是儿童墓，5座是成人墓，都是仰身葬，各墓的方向都是头部向南偏西。除了第一号墓葬的头侧的兽类肩胛骨似为随葬品外，其余各墓都没有。虽墓中有些史前残陶片和残石器伴随出土，但都是原来文化层的遗物，被挖出来又填进去的，并非随葬品。安特生当年挖的探沟中，也发现过上下相叠的墓葬，头向也都是向南偏西的仰身葬，也有陶片、残陶环、残石器和骨器，但都不能确定是随葬品，他把这些墓葬都归为仰韶文化时期。夏先生对这些墓葬进行了详细观察后发现，它们似乎都是在居住遗址废弃后埋葬进去的。至于所有墓葬的头向都是向南偏西，夏先生的解释是可能与当地的风水迷信习惯有关。头向西南，正对着熊耳山的阙口；脚部向东北，正对着飞山（天坛山）主峰。现今当地人的墓葬头向也是正对着这两座山的，只是头和足的方向互易而已。

由于这一条探沟里发现的文化层较浅，而且未发现建筑遗存，不能绝对保证它在古代未经过扰乱，墓葬中的填土和四周未曾在埋墓时翻动过的文化层二者分辨起来比较困难，夏先生等觉得为了审慎，决定再开一处发掘点来解决这一问题。但又由于时间限制，再开一条探沟又担心短时间解决不了问题，于是，他们就选择了一个灰坑来发掘。这个灰坑在选在第一条探沟西南约200米处的一道梯田的侧壁上。灰坑的上部已经被侵扰，只剩下一半，断面呈袋状，上口直径1.7米，底部2.6米，底部距地面1.8米。除了地表约10厘米处被犁耕扰乱过，其余的填土都是原来的状态，呈灰绿色，有草类茎叶的痕迹。近底部有一道约半厘米厚的薄层红土，下边是一层薄薄的草泥。经过发掘，发现灰坑的坑壁和底都比较平整，斧凿痕迹不很明显，也未曾涂石灰或泥浆。出土的器物残片有灰褐色、彩色和红色陶片，两片磨光黑陶片，还有木炭细块、残陶环、小石刀、陶纺轮、打制粗石器等。这座灰坑的发掘，证实了第一探沟的发掘结果，可以确定：这里的文化是仰韶和龙山混合型的文化。特别是在灰坑地层发现的一块陶片，红底深红彩，是仰韶文化的特点；但它的器壁曲折度很大，厚度又薄，又是龙山文化的特点。这件陶片正可代表一种混合型文化的特征。从灰坑的大小形状来看，这是一个贮藏用的窖穴，而不是住人的土穴。

在仰韶村发掘的前后时间里，夏鼐等还到渑池的其他地方进行了调查，先后调查了不召寨遗址，这个遗址也是1921年安特生和中国考古学者陈德广发现并做过小规模发掘的遗址。经过第二次的调查，证明了这是一处龙山时代的文化遗址；下城头遗址，证明这是一处纯仰韶文化遗址；杨河村遗址，证明这个遗址和不召寨遗址一样，也是属于龙山文化遗址。

图14　河南渑池仰韶村文化遗址第二次发掘现场

总之，通过夏鼐等对仰韶村遗址的第二次发掘，证明了这是一处包含着仰韶和龙山两种文化遗存的遗址，纠正了安特生把这里的文化都归为仰韶一种文化的错误结论（图14）。

第三节　第三次发掘：厘清了两种文化的时代关系 [①]

渑池县位于河南省西部豫西山区，是今洛阳和三门峡之间的一个重要县城。县城就在整个县域的中部，中间有一条涧河穿城而过，也是全县海拔最低的地方。向南逐渐抬高，是崤山的余脉，自西向东由山地逐渐减缓为丘陵，横亘在县城南部，当地人称为"南大岭"。向北也是地势缓缓抬高，到北部变为山区，最高峰为韶山主峰。仰韶村遗址就在韶山和县城之间的缓坡台地上。南距县城约9公里，北距韶

① 本节参考①《发现仰韶》，赵会军著，中国国际广播出版社，2010年7月版；②《仰韶文化的发现与三次发掘》，曹静波著，见《三门峡文史资料第十二辑》。

山山根约 5 公里。之所以叫仰韶村，就是站在这个村子里，抬起头就可以看到巍巍的韶山。遗址所在的位置，是一个三面环沟的半岛，东边的沟叫饮牛河沟，西边的沟叫南寨沟，两条沟深 30～50 米不等，在遗址的南部交汇成一条沟，向南直到县城东部入涧河。遗址在仰韶村南部，东南部的饮牛河沟边有一个村民组叫寺沟村，是一个很古老的小村子。只有十多户人家，住的院子都是在渑池北部地区常见的西北东南向窑房结合院落。即在院子的北部，将包含有文化层的遗址坡地下挖，切成 90 度的直土壁，在底部向里凿挖一个窑洞，窑洞向南的两边再盖成对称或不对称的平房。由于村子在沟边上，出门几米就是沟，进门向里就是崖。崖面上部就可以看到厚薄不均匀的文化层，灰褐色文化层和下边的第三纪红土形成鲜明的对比。村子不但小，交通也很不方便，出门就上坡，只有一条过去农村常见的架子车可以通行的小土路。更重要的是，村民们为了生活和生产需要，还要不断对遗址文化层下挖，用土来积肥或制土坯等。改革开放以后，随着村民生活水平的不断提高和人口的逐年增加，富裕起来的寺沟村民想做的第一件事，就是想建一所独家小院，彻底摆脱那种一到雨雪天气，就是崖头落土、院内泥泞、窑内潮湿、不堪入卧的居住条件。于是，寺沟村就多次向县文物部门反映这些困难。为了改善群众的居住条件，渑池县文物管理委员会就逐级向国家文物局报送了请示报告，请求国家文物局批准在寺沟村上边的遗址区发掘后腾出一块地方，供村民建房使用。国家文物局批准了这个报告，并批示由河南省文物研究所派人进行发掘，同时强调必须在发掘清理结束后才能开始动工建设。

根据国家文物局的批示，河南省文物考古研究所派赵会军为领队，还有所里的邓昌宏参加，与渑池县文化馆的曹静波、许建刚、王永峰等共同组成了考古队。这次发掘分两个阶段进行。第一阶段：1980 年 10 月至 11 月，由赵会军主持；1981 年 4 月至 6 月，由丁清贤主持。发掘前，考古人员先在拟建房区进行考古普探，了解到区域内的文化层浅的 0.5 米，深的 5 米，一般在 1 米左右。根据普探结果，他们把发掘点选定在文化层最厚的地方，以解决遗址的文化地层关系问题为重点。

发掘的主要工作在路东的拟建房区。期间，路西的一户村民因抽水浇地，将一处断崖侵冲，暴露在断崖上的袋状灰坑随时可能倒塌。于是，发掘队员采取了抢救措施，又在路西边开挖了一条探沟。在这里出土了红陶罐、红陶钵等。其中，一件月牙纹彩陶罐很有特色，罐高 11.4 厘米，腹部饰月牙纹一周，十分精致，是这个遗址历次发掘中很少见到的一件完整器物（图 15、16）。

图 15　仰韶村遗址第三次发掘现场

图 16　仰韶村遗址第三次发掘出土的月牙纹彩陶罐

这次发掘，在通往寺沟村道路的东西两边共开挖探方 4 个、探沟 4 条。从各发掘点看，遗址各个方位的文化层堆积差别很大：北部探沟的耕土层下仅发现很薄的一层浅灰色文化层和三个龙山文化时期的灰坑，其下均属于原生土；路西边探沟的耕土层和扰乱层下边是龙山文化时期的灰坑。这些灰坑都打破了仰韶文化层，出土器物均属于仰韶文化早期的；路东的 4 个探方文化层较厚，按土质和土色，除耕土层外，可以分为8层，各个时期的遗物都有发现。发掘者根据这些地层关系和出土器物，将遗址自下而上分为四期：

第一期文化以红陶为主，灰、黑陶少见。陶器表面的纹饰主要是线纹，其次是弦纹和划纹。彩陶数量不多，主要以黑彩为主，红、白彩少见。纹饰有圆点、三角、月牙、花瓣、网纹等。陶器有小口扁体釜、盆形灶、大口罐、深腹罐、折腹碗、器盖等，属于仰韶文化的庙底沟类型。

第二期文化发现的文化遗迹和出土器物较少，多是一些碎陶片。从出土的敞口平折沿浅腹盆、罐型凿状足或锥尖足的鼎、敞口浅腹圈足鬲、鼓腹罐、底部呈钝角或直角的小口尖底瓶以及钵、碗等器形来看，属于仰韶文化的西王村类型。

第三期文化中灰陶多，红陶少，彩陶几乎绝迹。陶器表面纹饰以横篮纹为主，附加堆纹次之。此外还有少量的划纹、弓弦纹和绳纹，并出土有方格纹。陶器有罐型鼎、平底三足鼎、篮纹和附加堆纹的深腹罐、小口高颈尖底罐、高圈足镂空豆、单耳罐、敞口碗等，属于河南龙山文化的庙底沟二期类型。

第四期文化中陶器造型趋于规整，陶胎薄，火候高，轮制器物多。陶器纹饰主要是绳纹，其次是篮纹和方格纹，还有凸棱纹、附加堆纹、弦纹和乳钉纹。陶器中鼎的数量减少，出现了陶鬲、深腹罐等新的器形。文化性质属于三里桥类型。

这次发掘，不仅再次确认了仰韶文化遗址是一种仰韶文化和龙山文化的混合型文化遗址，并且弄清了这两种文化地层的时代叠压关系。它的发展序列是：仰韶中期—仰韶晚期—河南龙山文化早期—河南龙山文化晚期。

第四节　第四次发掘：开启多学科联合发掘的新方法

仰韶村遗址的第四次发掘是2020年。这次发掘的目的一是为配合仰韶村国家考古遗址公园建设。二是为迎接即将到来的仰韶村遗址发现和中国考古学诞生100周年纪念活动。第三，此次发掘也是"考古中国·中原地区文明化进程研究"项目的内容之一。在发掘开始前，三门峡和渑池县文物局邀请了中国考古学会、中国社会科学院考古所、河南省考古学会、河南省考古研究院、郑州市考古研究院等有关专家召开了咨询会，听取他们对这次发掘的意见和建议，以确定这次发掘的目的、目标、方位、方法和工作路线。

一、启动仪式

2019 年 9 月 18 日，中共中央总书记、国家主席、中央军委主席习近平在郑州主持召开了黄河流域生态保护和高质量发展座谈会并发表重要讲话。他指出："黄河文化是中华文明的重要组成部分，是中华民族的根和魂。要推进黄河文化遗产的系统保护，守好老祖宗留给我们的宝贵遗产。要深入挖掘黄河文化蕴含的时代价值，讲好'黄河故事'，延续历史文脉，坚定文化自信，为实现中华民族伟大复兴的中国梦凝聚精神力量。"为落实习近平总书记的重要讲话精神，河南省考古研究院联合山西、陕西、河北等省考古单位启动了"考古中国·中原地区文明化进程研究"项目。仰韶村遗址是中国考古学的圣地，是黄河流域仰韶文化核心分布区的重要遗址。仰韶村遗址作为黄河文化重要考古项目之一，也是"考古中国·中原地区文明化进程研究"项目首选的重要遗址之一。进行第四次考古发掘，对深入挖掘黄河文化的时代价值及探索中原地区史前社会文明化进程等具有重要的学术意义和价值。

如前所述，1980 至 1981 年仰韶村遗址的第三次发掘是为了解决遗址南部寺沟村群众的生产、生活困难而进行的。当年发掘以后，寺沟村的群众就从遗址下边的深沟边上的旧址搬迁到了上边建房居住。但是，这个区域仍位于遗址的核心区。长期以来，群众的生产、生活不可避免地给遗址的保护和利用带来不小的影响。根据国家文物局批准的《仰韶国家考古遗址公园规划》和考古遗址公园设计方案，要对这里的 31 户村民进行整体搬迁后，在第三次发掘区模拟建设一个仰韶文化时期的原始聚落。由于第三次发掘的面积较小（仅有 200 多平方米），在动员群众的住房拆迁以后，2020 年 7 月，河南省文物考古研究院又对拆迁区域进行了全面考古勘探，共发现灰坑 35 个、冲沟 1 条、墓葬 1 座、陶窑 1 座，同时确认了第三次考古发掘的位置。

为了保证第四次发掘有针对性、目的性的进行，2020 年 8 月 21 日晚，三门峡和渑池县文物部门联合在渑池县召开了"仰韶村遗址第四次发掘专家咨询会"，邀请中国考古学会理事长、中国社会科学院考古研究所原所长、学部委员王巍，河南省文物局局长田凯，河南省考古学会会长孙英民，河南省文物考古研究院院长刘兴旺、副院长兼发掘领队魏兴涛，郑州市文物考古研究院院长顾万发等专家对这次发掘给予指导。会上，与会专家建议这次发掘既要保证考古遗址公园建设的顺利进行，也要有重点、有目的地发掘，特别是通过发掘要为明年的仰韶文化发现和中国考古学诞生 100 周年纪念活动发现和保留下一些可供参观的遗址标本，要通过科学、精细的工作，以求在前三次发掘的基础上取得突破性成果。

2020 年 8 月 22 日上午，参加第四次发掘启动仪式的有关领导和专家来到仰韶村。他们先参观了位于仰韶村西北部的安特生小院旧址，又参观了正在建设的考古遗址公园工地，之后在发掘现场举行了"仰韶村遗址第四次发掘启动仪式"。

启动仪式由刘兴旺主持。国家、省、市、县有关专家和领导都发表了热情洋溢的讲话。王巍在会上阐述了这次发掘的重要意义：我们开展的仰韶村遗址第四次考古发掘，是基于上几次发掘，更应该体现我们当代考古学家的工作理念、先进的工作方法和研究手段，还有我们的各种科学技术，使我们知道当时的人吃什么，周围的环境，甚至是当地出生、长大，还是从外面迁徙而来的？他们和周围族群之间是什么关系，他们使用的陶器是在哪里制作，哪里生产的，它出土的石器、玉器在哪里生产。今天我们得知，仰韶村遗址还出土了一件玉环，它的玉料是哪里的？它的制作工艺是怎么样的？可以说，我们要比 40 年前掌握的考古手段要多得多，希望这次发掘能够体现出我们当代考古学家的工作水平，也为明年百年的庆典提供一个很好的展示地点。

刘兴旺、魏兴涛就承担这次发掘的任务、责任、要求、方法和工作路线进行了安排和表态。田凯局长在讲话中指出："今天启动的仰韶村遗址第四次考古发掘，是为了中华文明起源和国家起源这些重大考古项目的发掘。相信通过一系列的发掘研究，来揭示我们中华文明、中原文明、黄河文化的巨大价值，进一步揭示它在我们华夏文明起源、国家的形成等多个方面具有的独特价值，也进一步增强文化自信，民族自信，相信此次发掘一定能够展示更加丰富的成果。"最后，他宣布仰韶村遗址第四次考古发掘启动（图 17）。

发掘工作从启动仪式即日开始。

第二章 发现仰韶

图 17　参加仰韶村遗址第四次发掘启动仪式的有关领导和专家合影

二、发掘正在进行

启动仪式后，仰韶村遗址的第四次发掘正式开始（图 18）。

第四次发掘由河南省文物考古研究院联合三门峡市文物考古研究所、渑池县文旅局、郑州大学历史学院、河南大学历史文化学院等单位共同进行。

这次发掘坚持的工作思路和方法是：（1）坚持田野考古发掘工作的学术性、科学性、针对性及精细化。（2）在田野考古发掘过程中全面收集考古学信息。（3）充分运用"田野考古发掘数字化记录与管理平台"，做好发掘资料记录的数字化和规范化。（4）坚持聚落考古理念，不断深化对仰韶村遗址聚落、布局、功能分区、聚落形态发展演变等方面的认识。（5）充分利用科学技术手段，坚持多学科多技术相结合，开展动物、植物、环境、人骨、同位素分析、古 DNA、残留物分析、石器微痕分析等多学科研究工作。（6）尽最大限度抢救和保护地下文化遗存，全面做好相关考古遗存的保护、展示、利用等工作。

第四次发掘包括主动性考古发掘和抢救性考古发掘两大部分。其中主动性考古发掘面积为 200 平方米，领队为河南省文物考古研究院张凤；抢救性考古发掘面积为 400 平方米，领队为河南省文物考古研究院张小虎。考古发掘现场共分为Ⅰ、Ⅱ、

图 18　仰韶村遗址第四次发掘现场

Ⅲ 3 个区域。现场负责人为河南省文物考古研究院研究馆员李世伟。发掘时间分为 2020 年度和 2021 年度两个阶段。

2020 年度仰韶村遗址考古工作目标:(1)主要是对遗址生活居住区进行考古发掘,进一步加深聚落布局、功能分区和发展演变等方面的了解,全方位获取仰韶村遗址仰韶文化和龙山文化时期古人生存方面的信息。(2)对遗址中部壕沟进行考古发掘,全面了解其开挖、使用、废弃的年代和过程等。(3)尽最大可能抢救仰韶村遗址原仰韶村寺沟组民房拆迁区域内残存的地下文化遗存,深化对仰韶村遗址文化内涵、聚落布局等认识。

到目前为止,这次发掘发现的遗迹较为丰富,有房址、墓葬、灰坑葬、窖穴、灰坑、灰沟、道路等;出土一大批文化遗物,有陶器、玉器、石器、骨器等,遗存年代分属仰韶文化中期、仰韶文化晚期、庙底沟二期文化、龙山文化时期。另外还发现大量红烧土草拌泥、"水泥"混凝土墙壁地面等房屋建筑材料。

第四次考古发掘的重要意义:

(1)有利于进一步深化对仰韶村遗址的文化内涵、各期遗存的分期及年代等方面的认识,进一步完善仰韶村遗址聚落布局、功能分区、聚落形态发展演变等方面的信息。

(2)草拌泥红烧土墙壁、地面等房屋建筑材料为仰韶村遗址首次发现,刷新了对仰韶村遗址仰韶文化时期房屋建筑类别、形制、建造技术等方面认识。"水泥"混凝土地面等房屋建筑材料为仰韶村遗址首次发现,为研究仰韶村遗址及豫西地区仰韶文化时期房屋建筑技术所达到的技术高度提供了新材料。

(3)土方量巨大的仰韶文化壕沟的出现反映出仰韶村遗址在仰韶文化时期人口众多、聚落繁盛。

(4)发掘过程中收集的各类样品和标本,为多学科多技术研究工作的开展提供了宝贵材料,填补了仰韶村遗址近百年来多学科研究的空白,极大丰富了对仰韶村遗址仰韶和龙山时期人类生存状况、人地关系等多方面的了解。

(5)仰韶村遗址是黄河文化重要考古项目之一,也是"考古中国·中原地区文明化进程研究"项目重要考古项目之一,第四次考古发掘对于深入挖掘黄河文化的内涵和价值,探究豫西地区史前社会的复杂化和文明化进程具有重要的意义,并提供坚实的考古材料支撑。

第五节 调查和勘探：揭开仰韶村遗址神秘的面纱

仰韶村遗址发现一百年来，以它命名的仰韶文化声名远扬，海内外知名，其学术地位、研究价值，特别是它在中国田野考古学上的地位不可替代，已经成为学术界向往的考古圣地。但百年来对仰韶村遗址一直未进行系统全面的考古调查。已进行过的前三次发掘，都是在没有经过详细勘探调查的基础上进行的，不仅面积小，而且试掘性较强，针对性较低。这些都与仰韶村遗址在中国考古学界的地位和影响力不相符合，也不利于推进仰韶文化学术研究向前发展，同时也对仰韶村国家考古遗址公园的建设产生较大的消极作用。因此，对仰韶村遗址进行系统性的考古勘探极为必要，也显迫切。

仰韶村遗址发现以来，先后经过多人多次的调查，也都有新的发现和收获，但系统、详细、全面的调查是 2019 年最后一次的全面勘探。

一、调查

1933 年杨钟健和裴文中到仰韶村和不召寨调查，在仰韶村遗址采集到百余件考古标本，以石器为大宗，包括磨制和打制两类石器，这表明当时打制石器仍然盛行，填补了这个遗址第一次发掘的空白。

1953 年，由裴文中带队，有中国科学院古脊椎动物与古人类研究所的贾兰坡、周明镇、孙艾玲和山西省文物管理委员会的王择义等参加，在完成了对山西襄汾丁村遗址的调查后，到仰韶村遗址进行了一次"顺便"调查。据贾兰坡在《桃李满天下——纪念袁复礼教授百年诞辰》一书中撰写的《要像袁复礼那样做人》一文中回忆道：他们这次主要是"为了解那一带的含哺乳动物化石的堆集层，顺便参观了仰韶新石器时代遗址。走到那个村子的附近，就见到遍地是陶片，偶尔也会捡到彩陶片、打制石器和磨制的石器"。他们还在遗址南边的一片树林里见到过一块石碑，石碑上记载了仰韶村遗址的发掘情况。贾兰坡还把碑文记录了下来。遗憾的是，贾兰坡记录的碑文已经遗失，那块石碑至今也下落不明。只记得那块石碑上记录的发掘情况，应该是 1921 年安特生、袁复礼等在仰韶村遗址第一次发掘的情况。

1962 年 6 月 15 日，中国科学院考古研究所洛阳发掘队在洛阳工作期间，方酉生等三人来到渑池，对该县的仰韶村、下城头、西河南、寺沟、丁村、不召寨、杨河、笃忠等八处史前仰韶和龙山文化遗址进行了考古调查。他们前后共调查了9天，采取以地面采集、断面勘察和全面踏查为主，基本上弄清了渑池县境内几处主要的仰韶、龙山文化遗址的文化内涵（见《考古》1964年第9期）。

（一）在遗址西部的大路西侧断崖上，发现一处相当于仰韶文化庙底沟类型的灰层，灰层中出有粗红陶罐的腹片，泥质红陶的钵、盆、罐的口沿和尖底瓶的口沿及底部。

（二）在大路的东西两侧都暴露有灰层和灰坑，出有粗灰陶的方格纹陶片，口沿外有凹凸堆纹的竖绳纹盆、横或斜篮纹颈部或腹部有附加堆纹的罐和缸、近圜底的篮纹尖底瓶底、圜底罐底、扁平形正面有一条竖堆纹的鼎足、素面杯和带流罐等，泥质灰陶的小口直颈深腹罐的口沿，泥质红陶绘菱形带状纹的罐。这些都以灰陶为主，大多数是龙山文化早期（庙底沟二期）文化的遗存。

（三）在遗址东部近沟边10余米处，发现二处河南龙山文化的灰层，灰层厚0.3~0.5米，出有泥质灰陶的篮纹罐腹片，粗灰陶甗的口沿、足和单耳杯。

（四）还采集到一些东周时期的鬲的口沿等遗物。

（五）除陶器外，这次调查还采集有骨锥1件，石器15件。石器中有斧、锛、镞、凿、盘状器、穿孔石铲等，都是磨制石器。

这次调查的结果说明：1. 遗址中包含有四个不同时期的遗存。2. 遗址中分布面积最大的是龙山早期（庙底沟二期）的文化。3. 遗址中仰韶文化分布在近西部（后来的钻探证明在南部），龙山文化在东部（后来的钻探证明在北部）。

除了调查者得出的以上结论外，这次调查和后来的调查都证明，仰韶村遗址的范围不仅仅限于现在公布的"在东西两条冲沟之间的台地上"，其实在东西两沟的外侧也都有仰韶和龙山早期的文化遗存，这也为研究仰韶村遗址当时形成的地貌形态提供了依据。

二、勘探

2019年7至8月，为配合仰韶村国家考古遗址公园的建设以及推动对遗址的保护工作，进一步了解仰韶村遗址的分布范围、面积、文化内涵、聚落布局和功能分区等基本信息，同时为仰韶村遗址保护提供可靠依据，为国家考古遗址公园建设提供科学的考古资料支撑。根据国家文物局批准的《仰韶国家考古遗址公园规划》，

图 19　仰韶村遗址考古钻探（2019 年 3 月 28 日拍）

有关单位联合对仰韶村遗址进行了详尽、全面、科学的考古勘探（图 19）。这次勘探由河南省文物考古研究院联合三门峡市文物考古研究所、渑池县文物局等单位完成。领队为河南省考古研究院副院长魏兴涛博士。

（一）调查采用的方法

这次对仰韶村遗址进行系统的考古勘探，运用"田野考古钻探数字化与记录管理平台"，掌握仰韶村遗址本身的范围、面积、聚落布局、功能分区等基本信息，初步了解仰韶村遗址的聚落形态及发展演变格局，同时为以后针对性的考古发掘工作提供可靠的依据。

首先对仰韶村遗址进行大范围的航拍和精确测绘，并建立地理信息系统和坐标系统。用 RTK 在整个遗址上，按照 5 米间距统一布探孔，每个探孔按照坐标进行统一编号。在勘探中每个探孔均填写《仰韶村遗址勘探探孔信息记录表》，全面收集每个探孔的层位、表深底深、土质土色、堆积性质、包含物、年代等信息，并对每个探孔勘探出的土柱进行拍照。在重点区域为避免漏掉重要遗迹现象，局部加密探孔。在全面普探的同时，如遇遗迹现象，再进行重点勘探，搞清遗迹现象的范围、形状、性质等，并进行记录、测绘和统一编号。此次普探探孔数量共 11000 余个，所有探孔记录信息均实现数字化，便于后期管理、研究、分析和永久保存。

（二）揭开面纱

根据仰韶村遗址地表显露出来的遗迹情况和遗址北高南低的地貌特征，这次勘探从北向南，即依照地势从高向低进行，从地层堆积相对简单的遗址外围开始，逐步向地层堆积较厚的遗址中心区域推进，以便更加准确地把握仰韶村遗址地层堆积变化和遗迹分布等情况。此次考古勘探的总面积为 30 余万平方米，涵盖了整个仰韶村遗址的分布范围。

仰韶村遗址是渑池地区目前所知面积最大的新石器时代遗址，且文化内涵丰富，包含有仰韶文化、龙山文化等时期文化遗存，前后延续时间长达数千年。根据此次系统性勘探结果并结合以往的调查和发掘资料可知，仰韶村遗址内部可分为仰韶文化和龙山文化两个聚落，仰韶文化聚落和龙山文化聚落在空间分布上有所不同，分别位于遗址的南部和北部，面积大小也有差别，仰韶文化聚落面积约 20 万平方米，龙山文化聚落约 7 万平方米。整个遗址地层堆积很不均匀，南部较厚，越往北越薄，调查和勘探发现遗迹较为丰富，主要有环壕、壕沟、房址、陶窑、墓葬、灰坑等。

1. 地层堆积：

仰韶村遗址地层堆积很不均匀，北部地层堆积较薄，越往南地层堆积越厚，且普遍被后期取土、平整土地等原因破坏较严重，地势较高处被后期人类活动破坏越甚，地势相对较低处则保持状况相对较好，文化层呈片状、间断分布，北部少见或不见文化层，南部文化层堆积较厚。

以下两个探孔地层情况分析可见一斑。

探孔 571210-854075：第 1 层为耕土层，浅黄色砂质黏土，厚约 0.3 米。

第 2 层为文化层，厚约 0.4 米，浅灰色砂质黏土，土质较软，结构较疏松，包括较多的炭粒和红烧土粒，另有料礓石，见有灰陶、红陶碎片。其年代为龙山文化。

其下为生土，红褐色砂质黏土，土质较硬，结构致密，包含有大量白色料礓石块。

探孔 571185-854070：第 1 层为耕土层，浅黄色砂质黏土，厚约 0.3 米。

第 2 层为近代扰土层，厚约 0.35 米，黄色砂质黏土，土质较软，结构较疏松，包含有少量红烧土颗粒、炭粒等，另有料礓石。

第 3 层为文化层，厚约 0.2 米，浅灰色砂质黏土，土质较软，结构较疏松，包括较多的炭粒和红烧土粒，另有料礓石，见有灰陶碎片。其年代为龙山文化。

第 4 层为灰坑，深约 1.1 米，灰色土，土质较软，结构较疏松，包含有较多的红烧土颗粒、炭粒等，见有灰陶、红陶碎片。其年代为龙山文化时期。

其下为生土，红褐色砂质黏土，土质较硬，结构致密，包含有大量白色料礓石块。

2. 遗迹

通过系统勘探对仰韶村遗址所发现的遗迹类型及各类遗迹的形制特点、分布状况有了大体的了解，对各类遗迹的分布规律进行分析，对仰韶村遗址聚落形态、内部结构布局及功能分区也有了整体性的认识。

①环壕

发现 1 条，位于遗址的北部、东部和西部，整体形状呈倒"U"形，环壕北部至遗址的北部边缘，分别向东南和西北方向延伸至断崖，环壕东部形状较平直，西部形状略有弯曲。环壕现长约700余米，宽10~16米，沟口较宽且向下收，形制不甚规整，普遍深度为3.5~4.5米。东部地形较低，因取土平整土地等原因，环壕保存状况较差，深度较浅，为1.5~2.5米。环壕内填土多为浅黄色土，土质较软，结构疏松，与沟口两侧红褐色土差别明显，沟内深度较深，明显深于沟两侧生土，在沟内底部多见淤土。在沟内勘探出较多的碎陶片，多为灰陶和磨光黑陶，也有少量红陶片，在沟内底部淤土中发现有灰陶和黑陶碎片，根据其包含物的特征，推测环壕的文化年代应为龙山文化时期。根据环壕的形制结构、走向、位置及与遗址和周围遗迹的位置关系分析，可以判断该环壕应是仰韶村遗址内部的一个龙山文化时期的聚落环壕，环壕以南为聚落内部，环壕以北为聚落外部。

②北壕沟

发现1条，位于遗址的中部，大致为东西走向，略呈东南—西北向，从整个遗址的地形来看，北壕沟基本横向截断遗址，将遗址分为南北两大部分。北壕沟东部现为小冲沟，并直通遗址东部的饮牛沟河，北壕沟西部至遗址西侧小冲沟。北壕沟现存长度近200米，宽10~20米，形制不甚规整，沟口较大向下内收，深度为4~5.5米，沟内有灰和淤土，与沟两侧生土差别明显，在北壕沟东部、中部的断崖上能清楚的看到壕沟的剖面。北壕沟内勘探发现有灰陶、磨光黑陶和红陶碎片，红陶碎片发现位置普遍靠上，在沟内底部灰土中发现有磨光黑陶碎片，依据沟内包含物特征推断北壕沟的文化年代应为龙山文化时期。在北壕沟中部还发现一处宽约10米的"缺口"，该"缺口"深约1.5米，明显浅于东西两侧，推测该缺口为供人进出通行穿过北壕沟的通道。从北壕沟的东西走向及东端和西端基本能与北部环壕相接来看，可以判断北壕沟应为仰韶村遗址内部的龙山文化时期南壕沟，与北部发现的环壕共同组成仰韶村遗址龙山文化时期的环壕聚落。

③南壕沟

发现1条，位于遗址的中部，北壕沟的南侧，大致为东西向，略呈东南—西北向，与北壕沟走向一致，亦横断仰韶村遗址。壕沟东西两端通向断崖，东段为小冲沟，并直通遗址东部的东沟（饮牛沟），与北壕沟之间有3~4米的间隔而分开，宽约6米，深约2.5~3.5米，北壕沟中部与南壕沟有一半的重合，在中部断崖之上能较清楚的看到北壕沟剖面以及南壕沟打破北壕沟的部分，至北壕沟西部，与南壕沟几乎完全重合，难以将两沟分开。南壕沟填土与北壕沟有差别，深度较浅，从断崖剖面上看，被北壕沟打破，其年代要早于北壕沟。南壕沟勘探出土碎陶片，有红陶、灰陶等，红陶明显较多，且在沟内底部出红陶片，灰陶片则多处于沟内堆积上部。依据南壕沟位置、走向、与北壕沟的关系及沟内包含物特征，推断南壕沟主要年代应为仰韶文化时期，年代早于龙山文化时期的北壕沟，且龙山文化北壕沟可能是在开挖时利用了部分仰韶文化南壕沟。结合遗址地层和遗迹分布情况，推断南壕沟应为仰韶村遗址仰韶文化时期聚落的北壕沟，其与遗址东边的东沟（又叫饮牛河）和遗址西边的西沟，共同围合成仰韶文化时期的聚落。

④房基

共发现 12 座。其中龙山文化时期房址 4 座，仰韶文化时期房址 8 座。

龙山文化时期房屋有 2 座为勘探发现，2 座为断崖暴露调查发现，均为白灰面房址。龙山文化时期房址距地表普遍较浅，30～80 厘米，面积均较小，勘探发现房址约为长方形或近方形，长 4～5 米，宽 2～3.5 米，保存状况较差，面积 10～20 平方米，勘探探孔中均发现有白灰地面。断崖调查发现两处房址，暴露白灰面长度为2.2～3 米，保存状况均较差。所发现龙山文化房址均位于龙山文化时期聚落环壕以内，即南壕沟北侧，多集中于聚落内部偏南区域，另外在龙山文化时期环壕聚落中部和北部探孔中零星见到散落的白灰地面碎片，但未有确切形状，可能为后期破坏严重所致。

仰韶文化房址均为勘探发现，集中分布于遗址南部区域，距地表 1～2 米，普遍较深，平面形状有近椭圆形、近圆角方形等，保存状况较差，最长 4～6 米，宽2.5～4 米，面积普遍较小，未发现大型房屋。仰韶文化房屋从勘探情况看多为半地穴式房屋，屋内地面明显比四周深，填土中多见灰土和红烧土颗粒，大多数房屋内有人为处理过的较硬的地面，少部分还有红烧土硬面。从勘探的探孔中出土的碎陶片基本全为红陶，推断其年代应为仰韶文化时期。所发现仰韶文化房址均位于北壕沟以南，分布相对集中，房址附近发现的灰坑数量多，分布密集，该区域地层堆积亦较厚，应为仰韶村遗址仰韶文化聚落的核心区域。

⑤陶窑

发现 3 个，其中 1 个为断崖上暴露调查发现，2 个为勘探发现。Y1 为断崖暴露，保存状况极差，仅剩一条烟道和部分红烧土烧结面，位于北壕沟以南区域，西南距仰韶文化房址约 80 米，从其形状结构以及所处位置、周围地层堆积和遗迹分布情况看，推测其年代应为仰韶文化时期。Y2、Y3 位于南壕沟北部，龙山时期聚落西部，邻近西侧冲沟，平面形状近椭圆形，长约1.8米，宽约1米，距地表约1.4米，见有比较完整的红烧土烧结面，根据探孔中发现的陶片推断其年代应为龙山文化时期。

⑥墓葬

共发现3座，其中1座为断崖上暴露调查发现，2座为勘探发现。M1为断崖上暴露，位于南壕沟以北，南距断崖上暴露的龙山房址约12米，墓葬内头骨已露出，墓葬宽约1米，坑口距地表约0.4米，依据墓葬开口层位及与相邻遗迹的关系，推测其年代应为龙山文化时期。M2、M3位于北壕沟南侧，仰韶文化房址附近，均为小型墓葬，长1.8～2米，宽约1米，距地表约2米，探孔中见有人骨碎片，具体年代不详，根据开口层位及填土情况，推测其年代可能为仰韶文化时期。

⑦灰坑

发现数量众多，进行重探卡边的灰坑数量为140多个，未进行重探卡边的灰坑数量更多，有些区域灰坑大面积成片分布，所见灰坑普遍较大，部分灰坑深度达3～5米，袋状平底的灰坑很常见，填土分层者也较多，探孔中出土碎片有红陶、灰陶和磨光黑陶等。整体上看遗址北部灰坑多集中于龙山时期环壕聚落内部，环壕之外灰坑发现数量明显较少，遗址南部灰坑多集中分布于北壕沟以南区域，尤其是房址四周附近，灰坑分布很是密集。

3. 遗物

遗物分为探孔采集和地表采集两类。探孔采集陶片普遍较破碎，难以分辨器形，主要有夹砂灰陶、泥质灰陶、泥质磨光黑陶、泥质红陶等，纹饰有素面、绳纹、篮纹、附加堆纹等，陶片主要分为龙山文化时期和仰韶文化时期，对判断遗迹的年代提供了重要依据。地面采集陶片不是很丰富，因平整土地等原因，也比较破碎，主要有泥质红陶、泥质和夹砂灰陶、磨光黑陶及少量彩陶片等，纹饰以素面为主，其次为篮纹、绳纹，附加堆纹则相对较少，主要器形有钵、盆、罐、瓶、瓮、鬲等。整体来看，仰韶文化遗物在仰韶村遗址南部发现较多，北部发现较少，龙山文化时期遗物在遗址南北部都有发现，但以北部偏多，其分布特点与仰韶村遗址龙山文化时期聚落和仰韶文化时期聚落空间分布大致吻合。仰韶文化时期遗物以中期和晚期为多，少见早期遗物，龙山文化时期早期遗物发现较少，晚期遗物发现较多。

（三）收获与问题

通过此次对仰韶村遗址大范围系统性的考古勘探工作，我们对渑池仰韶村遗址的范围、面积、地层堆积、遗迹分布、文化属性、聚落布局和功能分区等方面有了较为全面的了解，对其整体面貌有了一个新的认识。

仰韶村遗址范围东至饮牛河，西至西沟，南至刘果水库，北至仰韶村南，现存面积达 30 余万平方米。从聚落形态布局和发展演变来看，仰韶村遗址内部可分为仰韶文化时期和龙山文化时期两个不同时期的聚落。仰韶文化时期是遗址的发展兴盛时期，仰韶文化时期聚落主要位于遗址的中南部，由南壕沟和东部的饮牛河、西部的西沟共同合围而成，整体呈东北—西南向的长方形，现存面积约 20 余万平方米，聚落内部地层堆积较厚，遗迹丰富，发现有房基、灰坑、陶窑、墓葬、北壕沟等，是该地区仰韶文化时期的一处中大型核心性遗址聚落。龙山文化时期聚落空间布局移至遗址的中北部，由环壕和北壕沟合围而成，地层堆积较薄，面积约 7 万平方米，发现有环壕、壕沟、房基、墓葬、陶窑、灰坑等遗迹，被后期人类活动破坏严重，该时期仰韶村遗址仍然是该地区比较重要的一处中型聚落。可以说，仰韶村遗址是渑池地区史前时期考古学文化发展和变迁的一个非常重要的缩影，也是相关学术研究开展的重要切入点。

仰韶村遗址是渑池地区涧河盆地中目前面积最大的新石器时代遗址，其文化内涵丰富，主要包括仰韶文化早期、中期、晚期以及龙山文化时期遗存，前后延续时间达数千年之久，对于研究渑池涧河中上游地区史前时期考古学文化的发展和变迁，揭露史前社会文化发展面貌及社会复杂化进程，探讨该地区与涧河下游洛阳盆地、黄河以北的晋南地区以及豫西西部地区之间的考古学文化关系等学术问题具有重要的学术意义和价值。同时，1921 年仰韶村遗址的第一次发掘作为中国考古学的开端，在中国考古学史上拥有重要的地位和极大的影响力，仰韶村遗址作为我国发现的第一个史前时期考古学文化——仰韶文化的命名地，对于推动仰韶文化的学术研究的发展同样具有重要的意义。

此次系统性勘探成果丰硕，基本搞清了仰韶村遗址的准确分布范围、聚落布局和基本构成，但同时也存在问题。由于考古勘探工作本身的局限性，许多遗迹现象无法进行精确的年代确定，这对判断遗迹之间的同时性及先后关系造成很大的困扰，也有待下一步科学的田野考古发掘来最终确定，又因房址等遗迹保存状况不佳，制约着准确全面获取其详细的考古信息，另外，此次勘探发现有数座墓葬，但未能发现和确认墓地，墓地是否存在仍需今后进行更多的考古工作。（本节根据河南省考古研究院《仰韶村遗址考古勘探报告》整理。）

第二章 发现仰韶

第三章　纪念仰韶

早在民国十七年（1928），也即仰韶村遗址发现发掘8年、《中华远古之文化》发表6年后，《渑池县志》就将这一事件载入县志，摘录了其中的有关内容并附有相关照片（图20）。自此开始，随着时代的发展，渑池县政府和所在地民众对仰韶村遗址的价值认识越来越高，保护力度越来越大。特别是新中国成立以后，从国务院将仰韶村遗址公布为第一批全国重点文物保护单位开始，先后经历了立碑、竖标志牌、建纪念碑、建博物馆、建国家考古遗址公园等一系列工作（详见后述）。与此同时，为了纪念这一在中国考古学史上具有重要意义的学术成果，把仰韶文化的研究引向深入，同时，也为了让仰韶文化的学术研究成果走进公众的文化生活，为当代社会的进步和发展做出贡献，在仰韶文化的故乡——河南省渑池县，除了一些规模较小的学术研讨或纪念活动以外，还先后举办过多次全国性或国际性的大型纪念活动。

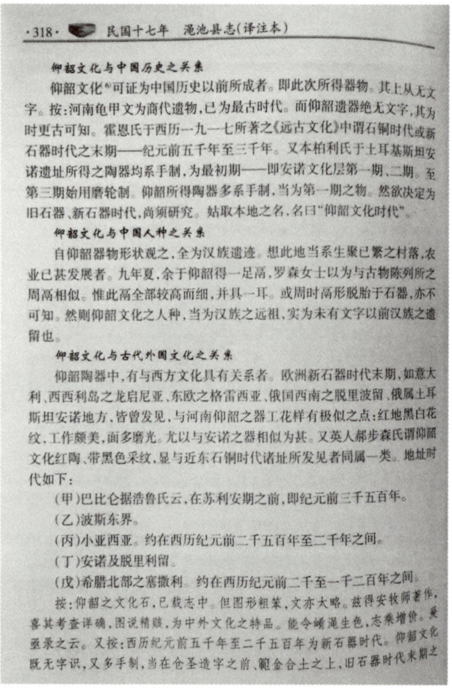

·318· 民国十七年　渑池县志(译注本)

仰韶文化与中国历史之关系

仰韶文化[6]可证为中国历史以前所成者。即此次所得器物。其上从无文字。按:河南龟甲文为商代遗物,已为最古时代。而仰韶遗器绝无文字,其为时更古可知。霍恩氏于西历一九一七所著之《远古文化》中谓石铜时代或新石器时代之末期——纪元前五千年至三千年。又本柏利氏于土耳基斯坦安诺遗址所得之陶器均系手制,为最初期——即安诺文化层第一期、二期。至第三期始用磨轮制。仰韶所得陶器多系手制,当为第一期之物。然欲决定为旧石器、新石器时代,尚须研究。姑取本地之名,名曰"仰韶文化时代"。

仰韶文化与中国人种之关系

自仰韶器物形状观之,全为汉族遗迹。想此地当系生聚已繁之村落,农业已甚发展者。九年夏,余于仰韶得一足鬲,罗森女士以为与古物陈列所之周鬲相似。惟此鬲全部较高而细,并具一耳。或周时鬲形脱胎于石器,亦不可知。然则仰韶文化之人种,当为汉族之远祖,实为未有文字以前汉族之遗留也。

仰韶文化与古代外国文化之关系

仰韶陶器中,有与西方文化具有关系者。欧洲新石器时代末期,如意大利、西西利岛之龙启尼亚、东欧之格雷西亚、俄国西南之脱里波留、俄属土耳斯坦安诺地方,皆曾发见,与河南仰韶之器工花样有极似之点:红地黑白花纹,工作颇美,面多磨光。尤以与安诺之器相似为甚。又英人郝步森氏谓仰韶文化红陶、带黑色采纹,显与近东石铜时代诸址所发见者同属一类。地址时代如下:

(甲)巴比仑据浩鲁氏云,在苏利安期之前,即纪元前三千五百年。

(乙)波斯东界。

(丙)小亚西亚。约在西历纪元前二千五百年至二千年之间。

(丁)安诺及脱里利留。

(戊)希腊北部之塞撒利。约在西历纪元前二千至一千二百年之间。

按:仰韶之文化石,已载志中。但图形粗笨,文亦太略。兹得安牧师著作,喜其考查详确,图说精赅,为中外文化之特品。能令蟠渑生色,志乘增价。爰亟录之云。又按:西历纪元前五千年至二千五百年为新石器时代。仰韶文化既无字识,又多手制,当在仓圣造字之前、鲍金合土之上,旧石器时代末期之

图20　民国十七年（1928）渑池县志摘录的《中华远古之文化》样稿

第一节　纪念仰韶村遗址发现65周年

——关于对安特生评价的拨乱反正及其仰韶文化研究65年的成果综述

1978年3月18日至31日，全国科学大会在北京展开。这次大会是中国共产党在粉碎“四人帮”之后，国家在百废待兴的形势下召开的一次重要会议，也是中国

科技发展史上一次具有里程碑意义的盛会。时任全国政协主席邓小平作了重要讲话，大会宣读了时任中国科学院院长郭沫若的书面讲话：《科学的春天——在全国科学大会闭幕式上的讲话》。邓小平在这次大会上的讲话中明确指出"现代化的关键是科学技术现代化"，"知识分子是工人阶级的一部分"，重申了"科学技术是生产力"这一马克思主义基本观点。从而澄清了长期束缚科学技术发展的重大理论是非问题，打开了"文化大革命"以来长期禁锢知识分子的桎梏，迎来了科学的春天。这一年的 12 月 18 至 22 日，中国共产党第十一届三中全会又在北京召开。这是新中国成立以来我党历史上具有深远意义的历史转折。这次会议重新确定了党的马克思主义思想路线，确定了解放思想、开动脑筋、实事求是、团结一致向前看的指导方针。这两次大会的召开，使我国在经济上、政治上，特别是在思想理论和文化理论上都出现了重要的转折和发展的大好形势。

　　自 1921 年，由瑞典地质学家安特生主持了仰韶村遗址的第一次发掘并把它命名为"仰韶文化"以后，学术界在肯定安特生关于仰韶文化发现的众多意义和价值的同时，也有人说那是一次帝国主义分子的文化掠夺 [1]。到 1985 年前后，全国已经发现的仰韶文化遗址近 2000 处，有不少重要的遗址经过发掘后，都取得了很多重要成果。关于仰韶文化的学术研究高潮迭起，观点纷呈。从学术研究的角度来看，既需要进行一次全国性的梳理、交流，需要对有关问题进行继续深入的探讨，甚至对有些成果在学术界也需要达成共识。对渑池县来说，也需要进一步对仰韶文化的发现地进行宣传，扩大这个豫西小县城在全国的影响，为下一步的文化宣传和旅游业发展制造舆论。纪念仰韶遗址发现 65 周年大会就是在这样的背景下召开的。

　　1985 年 11 月 6 至 10 日，纪念仰韶遗址发现 65 周年学术讨论会在渑池宾馆隆重召开（图 21）。会议由河南省考古学会和渑池县文物保护管理委员会发起并联合召开。河南省考古学会副会长、著名考古学家许顺湛致开幕词，河南省社会科学院副院长张文彬致闭幕词。来自北京、山西、陕西、河北、山东、江苏、上海、湖北、湖南和河南等省市的 153 多名考古学者、历史学者、民族学者、博物馆学者以及一些在基层第一线工作的文物工作者参加了会议。这次会议在筹备期间，夏鼐曾多次过问，并答应参加这次会议，不幸的是，会议还未举行，夏鼐去世了（夏鼐是

---

① 严文明：《仰韶文化研究中几个值得重视的问题》，《论仰韶文化》，河南省考古学会、渑池县文物保护管理文员会编，《中原文物》编辑部，1986 年特刊号，第 19 页。

图 21　纪念仰韶村遗址发现 65 周年学术讨论会

仰韶村遗址第二次发掘的主持人，时任中国社会科学院考古所名誉所长，1985 年 6 月 19 日去世）。会议期间，当时我国几位著名的考古学家吴汝祚、佟柱臣、安志敏、石兴邦、张忠培因公务繁忙没有到会，但都向大会发来贺电或贺信表示祝贺。著名历史学家张政烺、考古学家邹衡从山西侯马晋文化学术研讨会上专门赶来参加了会议，并为会议题词献字，使与会者备受鼓舞。张政烺还为会议的论文集《论仰韶文化》题写了书名。并题词："华夏文明，源远流长。"邹衡题词："仰韶文化，古代东方之花"。田昌五题词："仰韶文化，华夏之源。"苏秉琦对会议的召开十分关心，会后详细询问了会议的概况，并在家里听取了笔者一行 5 人代表渑池县人民政府赴北京的汇报①，并主动提出要为《论仰韶文化》一书撰写序言。

　　这次会议全国共有 13 家国家级、省级媒体的记者参加，新华社、人民日报、光明日报、香港《文汇报》等 9 家媒体对会议进行了采访报道。新华社还在 11 月 11 日用英文对外进行了广播。会议期间，与会代表还参观了仰韶村遗址。大家看到，这个遗址经过 60 多年的变化，其地貌和地表特征基本没有遭到破坏，保存得十分完好，都非常高兴。对该遗址所在的渑池县政府、当地群众，特别是文物管理部门

①　当时赴北京汇报的渑池县人民政府代表有主管副县长崔金凯、县文化局副局长侯俊杰、县区划办主任常满仓、县文物管理委员会办公室副主任曹静波及文物干部许建刚。

对遗址的保护做出的辛勤努力都给予了很高的评价。会议期间，渑池县委县政府还邀请与会的有关学者召开了一次座谈会，共商振兴渑池文化教育和经济发展大计。

这次会议，共收到专家学者提交的论文 50 多篇。在渑池宾馆 5 楼一个简陋的会议室里，先后进行了为期两天半的学术研讨。中国社会科学院历史研究所田昌五，北京大学考古系严文明、李仰松，陕西省考古学会巩启明，河南省考古所安金槐，中国人民大学历史系黄崇岳，江苏省考古学会朱江，甘肃省文物工作队张学政、郎树德，河北省文物研究所唐云明，武汉大学历史系方酉生，郑州大学历史研究所李绍连等先后在会上宣读了学术论文。与会专家、学者就仰韶文化的有关问题进行了学术研讨。

一、仰韶文化发现的重大意义及其对安特生的评价问题

苏秉琦在《纪念仰韶村遗址发现 65 周年（代序言）》中，首先阐明了仰韶文化发现的历史背景。他指出："从鸦片战争以来，整个中华大地、中华民族一直处于政治动荡、社会变革之中。'五四'运动前后一个时期社会思想活动达到高潮。建国前后，经过十年动乱，十一届三中全会的拨乱反正，社会思想活跃又达到高潮。两次高潮中，东西方文化问题都成为热门……前一次是在中国处于存亡关键时期，面临的是中国向何处去？急待解决的问题是向西方学什么的问题。要实现四个现代化、两个文明一起抓、振兴中华，急待解决的是如何继承、发扬民族文化传统的问题……在整个社会转变时期的中国，始终存在一个传统文化再认识、再评价的问题。这是社会的需要，这是当年仰韶村遗址发现的背景，也是中国近代考古学在此兴起的背景。"在谈到安特生发现仰韶文化的目的和意义时，苏秉琦指出："从他（安特生）第一次发表关于仰韶村遗址考古论文到他写道仰韶文化为中心内容的论著，他的全部学术活动我们似乎归纳为一点，即试图以仰韶文化遗存为中心，探索中国文化起源问题[1]。"严文明在他的学术演讲中，对仰韶村遗址的发掘和仰韶文化的发现给予了极高的评价，认为它揭开了我国新石器时代考古的第一页，揭开了中国考古学研究的第一页，揭开了原始社会研究的第一页。关于对安特生发现仰韶文化怎么评价，严先生认为，如果避开仰韶文化的发现以及对当时受聘于中国、主持发掘

---

[1] 苏秉琦:《纪念仰韶村遗址发现 65 周年（代序言）》,《论仰韶文化》, 河南省考古学会、渑池县文物保护管理文员会编,《中原文物》编辑部, 1986 年特刊号, 第 1 页。

的主要学者安特生作出公正的评价，就不可能正确编写仰韶文化研究史和新石器时代考古研究史。严文明认为："那是由中国学术机构地质调查所组织的，得到中国政府批准的一次有成效的工作。发掘人员中大部分是中国人，其中就有现年九十四岁高龄的袁复礼先生。发掘队的负责人安特生虽然是瑞典人，但他并不代表瑞典政府，而是受聘于中国政府的外籍专家。不能因为有外国人参加就改变了那次发掘的根本性质。还会有人说那是什么帝国主义分子的掠夺，显然是不符合历史事实的。安特生不是帝国主义分子，他也不可能进行任何文物掠夺。""不论怎样，安特生二十年代在中国进行的考古学工作，对于我国新石器时代考古学的建立和近代田野考古学的发展，都是有开创之功的。这段历史不应该抹杀，也不应该做别的解释[①]。"严文明入情入理、客观公正的分析和评价，得到了与会专家学者的强烈响应。许多学者都认为不能再把一些不实之词、不公平的评价加在安特生身上。都认为安特生在研究我国史前史是有开创之功的。苏秉琦在《论仰韶文化》的序言中也指出："安特生几乎跑遍仰韶文化影响所及的边沿地区，他没有找到仰韶文化的真根源，也没有给仰韶文化的范围加以界定。但他认识到仰韶文化是中国文化的重要源头，这就无异于说，他或许已经意识到它是产生中国文明的一种'基因'。实践证明：前者诚然来之不易，后者尤为难得[②]。"关于这次会议解决了对安特生的评价问题，有了一个公平、公正、客观和实事求是的结论，2011 年，在纪念仰韶文化发现 90 周年时，严文明先生又应邀参加了会议。笔者在全程陪同严先生参观仰韶文化博物馆时，看到当年会议的合影照片，他深有感触地说："那次会议对安特生来说，实际上是一次拨乱反正的会议。"

二、对考古学和原始社会的一些问题的探讨

关于考古学的学科体系问题，过去有一种认识，认为它是从地质学中分化出来的。在田野考古实践中使用的地层学，一直就是沿用地质学的一种方法。这在考古学形成和发展时期当然是可以的。但是，随着考古学的不断发展，许多社会学科和自然学科的方法不断被考古学采用。人们对考古学的认识开始发生了变化，

---

① 严文明：《仰韶文化研究中几个值得重视的问题》，《论仰韶文化》，河南省考古学会、渑池县文物保护管理文员会编，《中原文物》编辑部，1986 年特刊号，第 19、21 页。

② 苏秉琦：《纪念仰韶村遗址发现 65 周年（代序言）》，《论仰韶文化》，河南省考古学会、渑池县文物保护管理文员会编，《中原文物》编辑部，1986 年特刊号，第 1 页。

认为它是一门交叉学科。许顺湛先生在他的《再论考古学》论文中认为，现代的考古学，既有浓厚的社会科学色彩，又有强烈的自然科学色彩。它是涉及几十门学科交叉的产物。如果说以前是以地层学作为它的重要支撑的话，那么仅仅有此是太不够用了，它需要众多的社会和自然学科的研究手段来充实、来丰富。金国樵、潘贤家、孙仲田在他们的论文《试论形成中原仰韶文化模式的地理生态原因》中，介绍了他们利用中文电子计算机探讨仰韶文化产生的地理生态模式的尝试，得出了一些传统考古学还没有涉猎的认识。不少学者认为，随着考古学的不断发展，其手段和方法必将不断丰富和完善。系统论、控制论、信息论等现代科学成果引进到考古学的研究中来，必将使考古学的面貌大为改观。正如张文彬在大会闭幕词中所说："考古学是历史科学的重要组成部分，但它也是交叉科学、边缘科学的产物。"

关于按照考古学惯例命名的一些文化类型，有的论文提出有必要使考古学自己的某些方面科学化、规范化。张松林在他的《浅谈仰韶文化的类型与类型划分》论文中，试图探索一条大家共同遵守的地方文化类型命名法规，使之命名科学化规范化。他提出对当时已经发现并确认其特征的仰韶文化，建议可分为：半坡类型、后岗类型、秦王寨类型、庙底沟类型、下王岗类型等五个类型，这种探索在当时条件下，对整个仰韶文化的研究无疑是有益的。

关于如何运用马克思主义的哲学原理和唯物史观研究原始社会，田昌五和朱江发表了自己的意见。田昌五认为，马克思主义的一些基本要点和精神是应该坚持的，但也有许多问题要根据新资料予以发展，原封不动是不行的。如：从原始社会到文明社会的发展线索，一百年前提出的模式就不一定适用于中国。"拿仰韶文化来说，它既是中国新石器时代考古学的开端，又是依据中国的考古资料研究原始社会的开端，同时它还为我们提出了不少理论上的问题，可以从理论上突破，发展马恩的观点[①]。"朱江也就如何运用马克思主义的方法，作为新中国考古学活动的指导思想问题提出了自己的一些想法。朱江还对仰韶文化的共性和差异性问题、仰韶文化考古研究怎样与民族学研究结合问题、仰韶文化的时空关系问题、仰韶文化研究与其他考古学中的一些规律性和特殊性的事件提出了一些

第三章 纪念仰韶

---

① 田昌五：《仰韶文化研究与中国文明起源若干理论问题》，《论仰韶文化》，河南省考古学会、渑池县文物保护管理文员会编，《中原文物》编辑部，1986 年特刊号，第 15 页。

有益性的探讨。

三、由仰韶文化引起的区系类型说讨论

早在 1965 年，苏秉琦就提出："仰韶文化是我国考古学研究上的重要课题之一……对有关诸问题，如文化特征及其类型、年代分期、文化分布和分区、社会发展及其性质、同其他原始文化的关系等，虽然都有所探索，但距离获得比较满意的成果，进而复原我国这一历史阶段的社会文化面貌，还有很长一段距离，有待我们做出更大的努力[①]。"在这里，苏秉琦以仰韶文化为例提出的新石器时代文化区系类型说以后，曾引起考古学界的深刻思考。这种理论不排除各种同时期原始文化之间的相互交流和影响，但又重视每种文化各自的特性，它既在一定的地理生态环境中产生，又在这个区域内存在、发展。区系类型说概念比较科学明晰地展示出我国新石器时期各种原始文化发生、发展，既独立存在，又相互联系的发展脉络。在这次研讨会集成的论文集中，苏秉琦又在他的《代序言》一文中，进一步阐述了黄河流域仰韶文化区系的基本轮廓和基本特征。概括为"三类六种"的中心区和东西两支。中心区"三类六种"的内容是："两种小口尖底瓶、两种花卉图案彩陶盆、两种动物图案彩陶盆（鱼、鸟）。东西两支分别是〔东支〕以大河村——王湾为代表，〔西支〕以大地湾为代表。"东西两支的文化特点与中心区系对照比较，有同有异，但"仰韶文化主要分布范围不出上述狭长地带。三大区域间以陇山、崤山为其模糊分界线。三者渊源、特征与发展道路不同。但它们可以中心区系为纽带连接起来成为一体[②]。""这里的仰韶文化通过山西的汾河流域、河北北部地区与东北辽西地区的红山文化发生联系，形成了更加庞大的仰韶——红山文化体系。"这是苏秉琦对区系类型理论的又一次解读和阐述。此外，张学政、安金槐、张居中等也从不同方面提出了关于仰韶文化类型、区系的划分和渊源、源流演变的理论思考。方酋生的《论大溪文化》，从大溪文化的类型、分期、年代、社会性质以及与屈家岭文化的关系等方面，也开始用区系类型的理论进行分析论述。从这些发言可以看出，关于史前新石器文化的区系类型说研究，已经成为专家们研究的热点，标志着仰韶文化研究在向深度、广度方面扩展。

① 苏秉琦：《苏秉琦文集（二）》，《关于仰韶文化的若干问题》，文物出版社，2009 年版，第 173 页。
② 苏秉琦：《纪念仰韶村遗址发现 65 周年（代序言）》，《论仰韶文化》，河南省考古学会、渑池县文物保护管理文员会编，《中原文物》编辑部，1986 年特刊号，第 2、3 页。

四、有关仰韶文化时期社会性质的研讨

关于这个问题的讨论，早在西安半坡遗址和三门峡庙底沟遗址发掘以后，当时在学术界就有不少学者开始讨论关于仰韶文化时期的社会性质问题。众说纷纭，百家争鸣，一个时期里，成为仰韶文化研究的热点。到这次会议召开，概括起来主要有以下三种说法：一是"母系说"。早在1965年，苏秉琦就在他的《关于仰韶文化的若干问题》一文中指出："我们似乎不能认为仰韶文化的两期是属于不加区别的一个社会发展阶段。它的前期还在原始社会氏族制的盛期——上升阶段，而后期则已经越过了这个发展阶段。""从它们后期全部材料中，还看不到足以说明它业已进入父系氏族制的任何社会迹象，还看不到它也已具备进入父系氏族制的经济发展水平。""就是说，它的后期还是母系氏族制，但是在它的胞胎内孕育着新的萌芽；而更大的变化则是在它的后期结束以后的文化阶段①。"二是"父系说"。早在20世纪60年代初，许顺湛就发表文章，提出仰韶文化时期已经进入父系氏族社会，与"母系说"展开学术辩论。遗憾的是由于父系说曲高和寡，这场争论还没有真正地展开，便在一片反对声中偃旗息鼓。1979年许顺湛又发表了《再论仰韶文化社会性质》一文，重申仰韶文化父系说的观点，用第一个支持许顺湛父系说的黄崇岳的话来讲，"许顺湛同志又东山再起"了。由于考古材料的不断充实，学术争鸣的气氛越来越浓，所以这场重新开始的论战大大不同于60年代初期，持仰韶文化父系说者日渐增多。黄崇岳、吴汝祚、刘式今、洛阳市博物馆西高崖发掘组、王仁湘、巩启明等纷纷著文，从不同角度论证仰韶文化已进入父系氏族社会，或仰韶文化中晚期已进入父系氏族社会。这次会议上，"父系说"与"母系说"的讨论又一次推向了高潮。郎树德、李友谋、宋兆麟等的论文都支持了"父系说"的观点。仰韶文化母系说一统天下的格局被彻底打破，父系说开始受到大多数学者的认同和支持，即便是原来坚持父系说者，也逐步认识到延续两千年之久的仰韶文化前后发展是有变化的，在数千公里范围内其发展也是不平衡的。第三种是"过渡说"。李绍连认为：仰韶文化早期为母系制，中期为母系制向父系制过渡，晚期为父系制。曹桂岑、丁清贤等也认为仰韶文化时期已不是繁荣的母系制，或先母系制，后父系制；或母系制经过双系制过渡为父系制。针对以上争论，严文明则从另一个角度，提出了自己的崭新的看法："在考察一个考古学文化的社会性质或发展阶段时，或

① 苏秉琦：《苏秉琦文集（二）》，《关于仰韶文化的若干问题》，文物出版社，2009年版，第4页。

者对原始社会进行分期时，应该首先考虑生产力和生产关系的状况，而不要从世系出发。""重要的是从仰韶前期到后期确实发生了一系列变化，而这种变化是与它的社会性质与它的社会发展阶段有关系的。要确切地估计它的意义，不但有赖于更多资料的发现和研究，也有赖于对后期的中原龙山文化的研究。只有全面比较研究的基础上，才能正确判断它究竟处在哪一个发展阶段①。"

从这次讨论会上的演讲和收集于《论仰韶文化》一书的论文来看，除了以上介绍内容以外，还有很多没有提及的重要内容。比如张维华《古气候与中国智人文化》一文，是从古气候变化的角度来探讨气候与人类活动的关系；金国樵、潘贤家等的《试论形成中原仰韶文化模式的地理生态原因》、孙仲田、潘贤家等的《河南荥阳古陶片穆斯堡尔谱和 X 射线研究》则是应用计算机方法，研究仰韶文化和考古学、拟合仰韶文化时期陶器烧制温度的实验曲线，这种利用现代科技技术研究仰韶文化的方法，既是一种大胆的尝试，也是一种研究方法的创新。

这里需要特别强调的是这次学术讨论会，首次"吹响了在仰韶文化中探索中国文明起源问题的号角②"。

关于仰韶文化发现的意义，从 1921 年首次发现并命名以后，已经有很多的总结。概括起来，主要有以下几点：1. 它是我国新石器时代考古和近代田野考古学诞生的标志。2. 它第一次宣告我国存在着非常发达并且富有自己特色的新石器文化。3. 它为中国历史研究特别是上古史的研究带来了最新的信息。4. 它为我国考古学工作创立了许多优良传统。但是，在早期的评价中，很少有学者们提及到它与中国文明起源的关系。其实，关于这一点，苏秉琦先生在这次会议论文的序言中，就已经窥到了当年安特生对仰韶文化的研究中似乎就漏出的端倪（见前述）。当然，由于各种原因，特别是在仰韶文化研究的初始阶段，也许学者们还无暇或无意发现这个问题。但是在今天的背景下来看待仰韶文化发现的意义和价值，我们站在一代代学者们研究的累累学术成果上，将仰韶文化的发现与研究和中国文明的起源结合起来，似乎是一个呼之欲出的结果。正如朱乃成先生在为仰韶文化发现 90 周年国际学术研讨会提交的论文《仰韶文化的文化成就以及在中国文明起源中的地位与作用》中说的那样，

---

① 严文明：《仰韶文化研究中几个值得重视的问题》，《论仰韶文化》，河南省考古学会、渑池县文物保护管理文员会编，《中原文物》编辑部，1986 年特刊号，第 194 页。

② 朱乃成：《仰韶文化的文化成就以及在中国文明起源中的地位与作用》，《仰韶和她的时代》，中国社会科学院考古研究所、仰韶文化博物馆编，文物出版社，2014 年版，第 24 页。

"仰韶文化在中国文明起源中的地位与作用，是以其取得的文化成就所决定的[①]"。

结　语

　　1985 年召开的这次纪念仰韶村遗址发现 65 周年学术讨论会，是自仰韶文化发现和命名以来的第一次盛会。它是改革开放以后，解放思想、实事求是地从学术角度对多年来仰韶文化研究成果的一次检阅和总结。它在安特生对仰韶文化及其在中国的一系列考古和研究工作方面，达成了客观、公正和的评价。这个评价，反映了中国学术界特别是考古界的学者们敢于解放思想、实事求是的学术态度和思想境界。会议上形成的百花齐放、百家争鸣的学术氛围，是我国考古界学术研究风气开放、包容、畅所欲言优良传统的继承和发扬。特别是会议上提出的仰韶文化与中国文明探源的关系问题，确立了仰韶文化在中国文明探源中的地位，为这一重大的学术课题建立学科基础开了先河，确立了仰韶文化在中国文明探源中的地位，而且为探索中国文明起源问题吹响了号角。

　　这次会议以外的收获，是渑池县县委县政府从此看到了保护仰韶村遗址的责任，更加重视对遗址的保护；开发仰韶文化的当代意义，并开始利用仰韶文化的名牌效应来促进当地文化、教育、旅游等行业发展，为县域经济发展和社会建设服务。渑池县县委县政府提出了"爱我仰韶，振兴渑池"的口号，会议后，成立了旅游开发领导小组，并发动全县的干部、群众捐款、捐物，在仰韶村遗址上建立了仰韶文化纪念碑。

第二节　纪念仰韶文化发现 70 周年

　　——怎样评价安特生的"中国文化西来说"及其功过是非

　　1991 年，仰韶文化发现迎来了它的 70 周年。这一年，没有举行较大规模的纪念活动。陈星灿在当年的《华夏考古》第四期和次年该刊第一期连载了《安特生与

---

① 朱乃成：《仰韶文化的文化成就以及在中国文明起源中的地位与作用》，《仰韶和她的时代》，中国社会科学院考古研究所、仰韶文化博物馆编，文物出版社，2014 年版，第 24 页。

中国史前考古学的早期研究——为纪念仰韶文化发现七十周年而作》的署名文章。可以说，这篇文章既是对纪念仰韶文化发现 65 周年学术讨论会成果的继续和深化，也是关于安特生学术成果的全面评价和客观总结。如果说，纪念仰韶文化发现 65 周年时，在渑池召开的"仰韶文化学术讨论会"是关于对安特生评价的一次拨乱反正的会议，那么陈星灿的这篇文章则给了安特生的"中国文化西来说"一个客观、公正、实事求是的评价。文章总结了安特生在中国的史前考古活动，以及他在研究中国文化起源问题方面的成功和失误，分析了安特生的研究方法对中国史前考古学的影响，澄清了过去一些以讹传讹的说法。

关于"中国文化西来说"，总的来看，曾经经历了两个阶段。以 1921 年仰韶文化的发现和命名为界，第一个阶段是在中国考古学诞生之前，而第二阶段则是仰韶文化发现和命名之后的事。而且，这两者有着完全不同的质别。

一、中国考古学诞生之前的"中国文化西来说"

（一）埃及说

1654 年，德国耶稣会教士基尔什尔（A.Kircher，又译祁尔歇、柯切尔）在《埃及之谜》一书中曾论及中国文明出于埃及。后又在《中国图说》一书中，在讨论中国文字与埃及文字的异同时，他认为"古代中国人既系埃及人之苗裔，故其书法亦一遵埃及之旧，此非指文字之结构而言，乃指其自各种自然事物中提出之形象而言，中国人实藉此以表示其观念也。中国文字之标记所以欲表明之事物同其数量，其故即在于此[①]。"这种根据文字类比而建立的假说，曾得到一些外国学者的认同。

1716 年，法国阿夫郎什主教胡爱（Huet，又译尤埃），根据其研究古代商业的结果，在文字之外，又考察风俗异同，也主张中国民族起源于埃及，他说，"就吾人所有之材料而论，埃及在东方之商业亦甚古且盛，是吾人可以断言印度人商业之繁盛亦与埃及相当，盖印度人本埃及之重要之商伴也。……然印度与埃及商业之相当既有古代史之证明，则当吾人读史时，不能不相信中国与印度两民族虽非全属埃及之苗裔，至少其大部分必属埃及人"。他又说，"在两群入侵印度之埃及人中，中国人尤堪注意。中国人对于本族之感觉极灵；其习惯与埃及人极其符合；其正体与变体之两种文字，甚至语言，信轮回之说，养黄牛之习，亦复相似。而尤足以使予

---

① 见《何炳松论文集》商务印书馆 1990 年第一版，第 170 页。

惊叹者，则中国人反对外国商人入国，始终不变是也，此与斯特拉波（Strabon）所述古代埃及人之态度竟完全无异……[①]"这是依据文字、民俗和商业往来而得出的谬论。

埃及说影响最大的是法国著名汉学家德经（M.de Guignes，又译德基涅或岐尼），他在《论中国为埃及之殖民地》一书中写道："吾于是深信中国之文字、法律、政体、君主，甚至于政府中大臣及全部帝国均源自埃及。而所谓《中国古代史》实即埃及史，并诸中国史之首而已[②]。"

此外，也还有一些西方人士，如法国人美郎（Sieur de Mairan）、英国人华白敦（Warburton）等也持此说。

（二）巴比伦说

拉克伯里（Terrien de Lacouperie 1844–1894）出生于法国西北部诺曼底地区，幼年随当工厂主的父亲移居香港。在香港期间，拉克伯里学得一口流利的汉语，并接受了中国古代经籍的教育。1870年，拉克伯里前往英国，在伦敦大学东方语言学院任教。1894年，拉克伯里出版了《中国上古文明的西方起源》一书。在书中，他讲述了一个关于中国文明起源的故事：

"公元前2282年，两河流域的国王Nakhunte率领巴克族（Bak tribes）从迦勒底亚出发，翻越昆仑山，历经艰险，来到了中国西北部的黄河上游。此后，巴克族四处征伐，传播文明，最终奠定了中国历史的基础。"

其中Nakhunte又作NaiHwangti，即黄帝之谓，巴克族则为"百姓"（Bak Sing）转音。在拉克伯里笔下，中华文明的始祖黄帝被说成来自古巴比伦，而中华民族也成了"外来户"。这便是曾在近代中国风行一时的"中国人种西来说。"[③]

为了论证这一观点，拉克伯里在书中共列举出中国早期文明与古巴比伦文明间近百种类同之处。其中主要包括：

（1）天文历法方面。古代两河流域居民与中国人皆采用太阳历纪年法，置闰月，一年分四季、12月、24节气，并以12年为一循环、60年为一纪（甲子）。此外，关于"天"的形状的描述、对慧星的称呼、以金木水火土为五日累积法和天干地支的用法等也相同。

---

① 见《何炳松论文集》商务印书馆1990年第一版，第171～172页。
② 转引自陈星灿《中国史前考古学史研究》，社会科学文献出版社2007年5月第一版，第24页。
③ 见《何炳松论文集》商务印书馆1990年第一版，第178页。

（2）科技发明方面。古代两河流域居民与中国人都能摩擦取火、开沟造运河、种植小麦、锻造金属、利用黏土造瓦、制造兽皮舟油皮舟以及使用战车等。

（3）语言文字方面。拉克伯里认为《易经》中的八卦就是古巴比伦楔形文字的变形。他认为所谓"卦"者，就是中国的一种古文字，因为字简而事繁，故于一字中包含多种意义，后代人遂以为"八卦"寓含天地万物之理。而《易经》实质是古文字字典。

（4）政治制度方面。古代两河流域居民与中国人都实行帝王独裁政治，置天官，以右为尊。此外，两个文明在"四表""四海""四岳""十二牧""黔首""中国""上帝"等概念的使用方面也有相同之处。

（5）历史传说方面。中国古代关于大洪水泛滥的传说、神农氏的传说、仓颉造字的传说以及半鱼半人形巨人的传说等，在古巴比伦也都能找到类似的记载。

倡导中国人和中国文化起源于近东巴比伦的说法，在19世纪和20世纪初的一些外国人著作中一直都比较流行。法国人皮奥（E.Biot）在1851年出版的《周礼导言》中也力倡巴比伦说。法国汉学家波提埃和卢内尔曼将汉字与楔形文字相比较，也提出中国文明与巴比伦文明有亲缘关系。1900年6月，日本学者白河次郎在1899年出版的《中国文明史》一书中，分析了中国与巴比伦在文字与传说，尤其是学术、文学、政治、信仰等方面的异同，来支持中国文明来源于巴比伦的假说。该书用专章介绍《中国上古文明的西方起源》，对拉克伯里所主张的黄帝来自巴比伦、中国文字来自楔形文字、中国文明与巴比伦文明的诸种相似之处等内容进行推介。

2. 印度说

法国人哥比诺（A.de Gobineau）1833年首倡中国文化来自印度。他说"一切均足以证明《摩奴法典》所言无误，而且因之足以证明中国文化实由印度英雄时代后一种民族——即白色阿利安种之首陀罗人——传入之。而中国神话中之盘古实即此印度民族迁入中国河南时之酋长，或诸酋长之一，或即白色人种之人格化，正与前一群印度人之迁入尼罗河上流同①。"

3. 其他说法

除了以上几种说法外，还有一些外国人也倡导中国人或中国文化起源于别境的说法。如，19世纪曾在中国从事地质工作的德国人李希霍芬曾力倡新疆的塔里木盆地是汉族（中国人）的发祥地，英国汉学家里格（J.Legge）也主张中国人的祖先来自中亚，俄国的 B. 皮·瓦西里耶夫、美国的考古学家攀伯里（R.Rumpelly）等也主张此说。

以上关于中国人种、中国文化源于西方诸地的说法，在当时的中国思想界，也得到了不少人的附和。

1903—1904 年，蒋智由的《中国人种考》在《新民丛报》上连载，以精炼的文字对拉克伯里书中的核心内容和基本观点予以概括推介。其后，也有人在论及拉氏学说在中国的流传时，多以蒋氏之文为肇始。缪凤林在《中国民族由来考》一书中，刘师培在《思祖国篇》《华夏篇》《国土原始论》《历史教科书》等著作中，于谦在所著《中国人种从来考》《穆天子传地理考证》等书中，也都予以附和。

从缪凤林的文章中大抵可见当时拉克伯里"中国人种西来说"的风行。而刘师培、于谦也被缪凤林列为晚清与民国推行拉氏学说的主力。1903—1906 年，刘师培对拉氏学说鼓吹甚力，更是将其写入《中国历史教科书》之中："西人之称汉族也，称为巴枯民族，而中国古籍亦以盘古为创世之君。盘古为巴枯一音之转。盖盘古为中国首出之君，即以种名为君名耳……据西人拉克伯里所著《支那太古文明西元论》谓：巴克即百姓，黄帝即巴克民族之酋长，神农即巴庇伦之莎公，仓颉即但克，巴克本该地首府之名。"

章太炎也曾是拉氏学说的服膺者。他在 1904 年出版的《訄书》重订本《序种姓》篇中写到："方夏之族，自科派利考见石刻，订其出于加尔特亚；东逾葱岭，与九黎三苗战，始自大皞；至禹然后得其志。征之六艺传记，盖近密合矣。其后人文盛，自为一族，与加尔特亚渐别。"其中科派利即指拉克伯里，而加尔特亚则为巴比伦之谓。

当然，当时的"中国人种西来说"也受到了不少有识之士的质疑和批判。

梁启超曾是"中国人种西来说"的赞同者，他在 1901 年的《中国史叙论》中指出："黄帝起于昆仑之墟，即自帕米尔高原，东行而入中国，栖于黄河沿岸，次第蕃殖于四方。"但新的考古发现使他改变了观点。他在 1922 年的一次演讲中指出："二十多年前，有人在长城以北发现了石器时代的人骨，近来又在河南地方发现了二十多万年前陶器和人骨，也是石器时代的东西。因此，至少在五万年前，河南已有人类，是无可怀疑的。"据此，梁启超认为拉克伯里提出的汉族在公元前 23 世纪左右从西亚迁来的说法缺乏根据。

同时，五四以来的"疑古"思潮也使得之前宣扬"中国人种西来说"的学者所依据的古代文献变得多不可取。如朱逷先在《文字学上之中国人种观察》一文中说："晚近言汉族西来者，大都取证于汉魏以来之纬书神话，一二欧人亦都接近此辈，妄相附会，驯至积学之士，亦震其新奇，从而附和之。"

至于拉克伯里所提出的中国早期文明与古巴比伦文明的相似之处，也遭到当时知识分子的批驳。柳诒徵曾在《自立与他立》一书中表示拉氏之说"羌无确证，不足成为信献"。之后，他进一步指出拉氏笔下中国与古巴比伦文明之间的相似之处其实颇多错误，如所谓八卦图画与楔形文字相同之论便无根据。在《中国文化史》中，柳诒徵对二者进行区别："一则有横无纵，而数止于三，一则纵横兼备，而笔画亦无定数，则无论年代不合，虽至愚浅之人，亦可知其不类也。"

何炳松在 1929 年的《东方杂志》第 26 期上，发表了他的《中华民族起源之新神话》一文，将这种说法斥之为"新神话"。他指出："总而言之，假使吾国考古学上发掘之事业不举，则吾国民族起源之问题即将无解决之期，而吾人亦唯有自安愚鲁之一法。盖中华民族之起源问题本属未有文字以前之历史上问题；而中国未有文字以前之过去情形，则至今尚未经考古学家之探究者也。彼西洋学者欲借一部分之文字再辅以文学上之神思以谋解决此种困难之历史问题，则其结果之劳而无功，博而寡要，盖亦意计中事。唯近日西洋开明之学者早已恍然大悟；故凡埃及说，印度说，和阗说，以及其他诸说，均已视为非非之想，无根之谈，摒弃不用。我国学者如再任意援引，不加别择，则其危险将与夜半临池同，可不慎哉[①]。"

至此，拉克伯里的"中国人种西来说"经民国诸多知识分子的批判，已难以再引起国人的认同，渐渐退出历史舞台。

但是，空穴来风，必有其因。关于"中国人种西来说"的诸多说法为什么在当时的中国会有不少人响应呢？章太炎、刘师培等当时都是国学大师级的人物，为什么也会对拉克伯里等的谬说加以宣扬？探究起来，其主要原因有三：一是受当时的国人反满情绪影响。由于对处于末日的清王朝统治的不满，承认汉族来源于西方，是不同于满族的另一个自立民族。诚如曾为五四运动时期的学生领袖之一的方豪在《中西交通史》中所言："此说最受清末民初中国学人之欢迎，以当时反满之情绪甚高，汉族西来之说，可为汉族不同于满族之佐证。"当时国粹学派多与革命党

---

① 见《何炳松论文集》商务印书馆 1990 年第一版，第 185 页。

人关联颇深，"中国人种西来"之说确有助于其宣扬排满之论。二是缘于国人求立身于世界之林的愿景。晚清之际，中西间竞争中国已处下风，种族上的白优黄劣之论颇为盛行。正如梁启超在《论中国国民之品格》一文中的观察："昔之浴我文化者，今乃诋为野蛮半化矣。昔之慑我强盛者，今乃诋为东方病夫矣……曩之侮以空言者，今且侮以实事，肆意凌辱，咄咄逼人；彼白人之视我，曾埃及、印度诸国之不若。"而在"中国人种西来说"中，中西人种源出一处，在中国知识分子眼中，这自然抹平了中西优劣之别。其三，当然是由于当时中国的考古工作还没有肇始，国人还找不到足以证明中国人种、中国文化不是源于西方而是源于本土的有力证据。正如陈星灿在他的《中国史前考古学史研究》一书中指出的那样："文化西来说种种，在 20 世纪初期灾难深重的中国知识分子当中引起很大反响，在强大的西方资本主义文明面前。一种交织着爱国主义和民族虚无主义的悲凉情绪支配着大多数知识分子。国学大师章太炎、刘师培竟附会于不堪一击的所谓巴比伦说；更多的人则把西方说简单斥为'文化上之帝国主义'。而不能在事实上给予分析和批驳。今天看来，我们虽不能否认有些人倡导中国文化西来说确有'包办世界之野心'，为帝国主义侵略制造舆论，但在中国考古学尚未发达之前，得出上述结论并非不可理解。实际上，中国文化西来说与本土论在学术上差不多一样浅薄，都没有可靠的考古学上的证据[①]。"

以上关于中国文化"西来"与"本土"的争论，实际上反映了当时民族心理上的自卑与自信的矛盾。国人在文化心理上从不断认同西方文化、相信西方文化远比中国传统文化先进，到随着第一次世界大战发生后看到西方文化的弊端而出现的转向，主张以中国文化的复兴来推动民族的复兴。特别是五四新文化运动后，中国人民族文化自信心高涨，开始摒弃"西来说"，寻求中国文化的独立性和民族性，这才是主张中国文化"本土说"的应有之义。至于安特生提出的"中国文化西来说"，却是具有另一种意义上的"说法"。

二、安特生的"中国文化西来说"

如前所述，安特生的"中国文化西来说"与之前的这一说法有着本质的不同。

从 1921 年安特生发掘仰韶村，出版《中华远古之文化》，到 40 年代他出版《中

---

① 转引自陈星灿《中国史前考古学史研究》，社会科学文献出版社 2007 年 5 月第一版，第 28 页。

国史前史研究》《河南史前遗址》等一系列考古学报告，安特生基于考古学的实践，对中国远古文化做出了一系列判断，其中"中国文化西来说"是最引人注目的，同时也是招致麻烦最多的一个。尽管后来，随着中国考古学家在山东、河南等地的一些发现，使安特生对他之前的一些说法做了某些修正，但是，整个来看，他的思想是连续的，其思想倾向性更不曾发生根本性改变。不过，关于"中国文化西来说"似乎是一个例外，从他开始提出到后来的多次修正，我们可以看出他对这一说法的认识轨迹。

陈星灿在这篇纪念文章中，总结了安特生在中国有关仰韶文化的考古活动，梳理了安特生"中国文化西来说"的形成和变化过程。

在对仰韶村遗址进行正式发掘之前的1921年4月21日，安特生第二次（第一次是1918年12月8日，这一次他主要是收集脊椎动物化石）进入仰韶村做调查时，在村南的冲沟断面上，发现了厚厚的灰土文化层，其中石器与彩陶共存。由于当时安特生还没有接触过安诺（Anau、该遗址位于土库曼斯坦首都阿什哈巴德东南12公里，靠近伊朗边境，时间为公元前4000年至公元前3000年）和特里波列遗址（Tripolje、该遗址位于距乌克兰基辅50公里的特里波列村附近，时间为公元前4千纪初期至前3千纪末期）以及欧洲的新石器时代和铜石并用时代的考古材料，不知道有所谓彩陶的发现，所以他对如此精美的彩陶和石器共存现象迷惑不解，甚至认为是不可能的。

此后，在同年的10月27日至12月1日对仰韶村遗址进行正式发掘后，在1923年出版他的《中华远古之文化》考古报告时，他比较了仰韶文化与安诺和特里波列文化彩陶的异同，又向英国考古学家郝伯森（R.L.Hobson）和德国考古学家施密特（H.Sehmidt）征询了意见。

郝伯森是大英博物馆的中国陶瓷研究专家，他观察了仰韶村出土的彩陶，并与安诺及特里波列的彩陶纹饰进行了比较，又征求了其他专家的意见，最后得出如下结论："红陶器带黑色彩纹，是与近东石器时代诸址所发见者，同属一类。""以年代论，此种陶器历时颇久，自西历纪元前四千年起至一千五百年止，从前欧洲学者以分布范围自近东至俄属土耳其斯坦，今既在河南亦有发现，则可见其东西流传之远，其间所有连接之地如中国新疆等地，亦应有同类发见之望也[1]。"

圣地百年——仰韶村遗址发现百年纪事

---

[1]　转引自陈星灿著《中国史前考古古学史研究》，社会科学文献出版社，2007年5月第一版，第97页。

施密特是德国考古学家，也是著名的安诺遗址发掘者。当安特生将仰韶与安诺及特里波列的彩陶纹饰比较图寄给他时，他的答复非常谨慎："仰韶与安诺二处陶器相同之点并不 充分。欲详为比较，除制造之技术，所用之彩色及表面磨光程度，亦须注意。"他又说："安诺第一层之时期与脱留波留并非完全同时。盖安诺时代较早也。如欲确定河南陶器与西方诸地之关系，须先知道河南古址之确定年代。不特与中国历史作比较，亦应与西方各地之时代作一比较，方可 [1]。"施密特的这些话，基本上否定了仰韶与安诺等彩陶的传播关系，仅提出仰韶发现的彩陶在年代上可与安诺等地的彩陶作比较。

安特生虽然认为施密特的慎重态度"深为可法"，但事实上他最后采取了郝伯森的意见。他在《中华远古之文化》报告中说："中国古史亦常有西方种族屡次东迁之说。吾人就考古学上证之，亦谓此著采之陶器，当由西东来，非由东西去也。仰韶陶器有与三代铜制鼎鬲相似者，且当时陶工已用磨轮，皆足以证明其时代当与中国有史之相去不远。当在去今四五千年年前之间，是远在巴比伦之后。如果出于流传，则必自西东传矣 [2]。"这便是安特生在 1923 年以前关于仰韶彩陶与西方彩陶关系的全部认识。

在这种思想的支配下，同时也是为了验证这种假说，安特生才决定在他设想的彩陶传播通道上——中国的甘青地区，寻找史前文化的遗存。

1923 年春天，安特生一行从西安出发向兰州进发。在西安的十里铺，他们调查了不久前由他的助手张某发现的史前遗址。发现该遗址与渑池发现的彩陶相似，他认为同属于仰韶文化。同年 6 月 21 日，他们到达兰州，即沿着湟水河向西宁进发。在西宁东边的十里堡村，他们在冲沟里发现了文化层，其上露出有彩陶，安特生由此判断仰韶文化已经扩张到青藏高原的边缘地区。在征得当地政府同意后，对该遗址进行了一周的发掘。发现了石器、骨器和一些粗糙的彩陶片。安特生认为这里也是仰韶文化的遗存。8 月下旬至 9 月下旬，安特生在回西宁的路上，在贵德县发现并发掘了著名的罗汉堂遗址。在西宁附近，他们又发现了朱家寨遗址。该遗址面积庞大，有居住址和墓葬区，是当时除仰韶村遗址之外的第二大重要发现。这个发现，使安特生决定在甘肃再待上一年，彻底了解史前遗址的分布情况。

---

[1] 转引自陈星灿著《中国史前考古学史研究》，社会科学文献出版社，2007 年 5 月第一版，第 97 页。

[2] 安特生著，袁复礼译《中华远古之文化》，地质汇报第五号，1923 年，第 26～27 页。

这年秋天，他们对朱家寨遗址及其以北约 7 公里处卡约遗址进行了部分发掘后，在同年的冬天和 1924 年早春，他们在兰州又收购了大量的彩陶。1924 年 4 月 23 日，他们离开兰州沿洮河南下，先后发现或部分发掘了灰嘴遗址、辛店遗址、齐家遗址、马家窑遗址、半山遗址。7 月中旬，他们结束了洮河流域的工作，为了寻找仰韶文化（半山文化）和辛店文化的缺环，安特生一边派助手庄某到西宁河谷调查，一边向西去河西走廊调查。庄某在青海发现了马厂遗址，安特生在甘肃发现了沙井等遗址。至此，安特生等一行在甘青地区的工作基本结束，1924 年 10 月，回到北京。

基于在甘青地区的调查成果，1924 年，安特生在瑞典发表了《甘肃省的考古发现》一文。在该文中，安特生认为中国文化在新疆地区生长起来，并受到西方文化影响，"由地理环境上之分析，确示新疆为吾人最后决仰韶问题之地。因吾人于此可以识别一种蒙古利亚民族（即黄色人种）当新石器时代，曾受西方文化之影响，亦或受西方人种之影响，生息繁衍，渐至务农。文明因而大进，是为中国历史上文化之始。然此种文化确实之发源地，非于新疆详加研究，不能确定。但就河南采集所得，颇觉此种文化之行程，实可由中亚细亚经南山及北山间之孔道，东南而达于黄河河谷，以至现代甘肃之兰州"[1]。

安特生的文章发表以后，就遭到瑞典汉学家高本汉（B.Karlgren）的批评。高本汉认为安特生的推论与考古上的发现自相矛盾。因为果真是中国文化自新疆而来，那么史前文化的各种因素在甘肃应该比在河南表现得更充分，然而，代表中国文化特征的鼎、鬲、瑗、戈等器物在甘肃地区少见。甘肃所出的彩陶与仰韶的彩陶并非完全一致。高本汉基本上否定了安特生关于新疆起源的推论。他认为最好的解释是中国本土的文化受到了来自西方的影响，以鼎鬲为代表的中国文化最后同化了以彩陶为代表的西方文化。他指出，居住在甘肃的民族不是中华民族之祖先，而是一种土耳其族。在新石器时代末期，由于交通便利，从西方流入了制作精美的彩陶。仰韶发现的彩陶少于甘肃等地，可能就是这种原因。也正是这种土耳其族向河南传播了彩陶，然而也从河南接受了半月形刀、家畜饲养和埋葬习俗，并且预言将来甘肃一定能够发现真正的中国文化的代表（意指鼎、鬲等器物）。他还认为，两地交流可能是和平的，也可能通过战争的方式完成。假如确有持有红地黑彩陶器的民族在

---

① 见陈星灿该文。

公元前三千年从其旧居新疆和甘肃侵入东方，那么他们也未在中国（指河南等中原地区）建立殖民地，而结果却又是被纯真之中国民族所同化。

除高本汉外，也有一些西方考古学家如阿尔纳（又译阿恩 T.J.Ame）也提出了与安特生不同的看法。

安特生吸收了高本汉等人的意见，在 1925 年的《甘肃考古记》一书中对自己过去的看法作了补充和修正。他认为，在进行充分的研究之前，尚不能肯定仰韶所出的鼎是源于西方的。至于鬲这种代表中国文化的器物，在仰韶多见，而在甘肃只发现一个鬲腿的残片。说明鬲是发源于陕、豫、晋交界地区，是由东向西传播的。而彩陶，是从近东发源的，先传到甘肃，再传到河南。既然如此，甘肃的彩陶应该早于河南，而且比河南丰富。但是，考古上并未证明甘肃仰韶期早于河南仰韶。尽管甘肃彩陶比河南彩陶更加华丽繁缛，且数量也比河南多。但是，在彩陶的质料、硬度、磨光度、薄度、纹饰的种类等方面，河南的彩陶完全可以和甘肃的彩陶相媲美。安特生对这种现象的解释是因为彩陶的传播速度极快，且迅速与当地文化融为一体。与此同时，安特生也注意到在华北地区，此时又发现了 37 处史前遗址，全部是石器向铜器时代过渡的遗址，而真正的新石器时代早、中期遗址一个也没有发现，他认为，华北地区在新石器时代早、中期的气候适宜，必有人类在此地区栖息，之所以没有发现，是因为这个地区在新石器早、中期还属于渔猎文化，迁徙频繁，少有定居。到新石器晚期，以彩陶为主的西方文化进入了华北，并成为中国文化的一部分。在彩陶传入的同时，也导入了先进的农业技术。

这些就是安特生在 1925 年以前的全部看法。与他在 1924 年发表的《甘肃省的考古发现》一文中的意见相比，我们可以看出有以下几点变化：一是否定了他自己关于中国文化源于新疆的假说，承认鼎鬲等具有中国中原地区特征的器物是发源于中原地区的华北豫、晋、陕地区。二是仍认为彩陶是从近东起源的，在新石器晚期从近东经新疆、甘肃流入河南，同时也引入了先进的农业技术。三是他尽管承认彩陶的传入是以上路线，但也承认河南彩陶与甘肃彩陶在诸多方面还是有区别的。

与安特生同时参加过仰韶村和甘肃考古调查的加拿大人类学家布达生在 1928 年发表了甘肃和河南仰韶出土人骨的报告，肯定了两地所出的人种都是嫡派蒙古人种。这个结论，使安特生认识到无论在甘肃还是在河南，他所研究的都是中国人的史前文化，接触的都是中国人的祖先。1932 年，安特生出版了他著名的通俗性著作《黄土地的儿女》。在这本书中，安特生对中国史前文化与近东文化的关系仅作了轻描淡写的叙述，不知是他有意回避还是欲言又止，在仰韶彩陶方面，他只是说仰韶彩陶与欧洲从石器时代向铜器时代过渡时期的彩陶相似，至于甘肃的彩陶，他也只是说让他想起了苏俄南部的特里波列遗址的彩陶。不过，由于在中原地区早期的遗址少有发现，他认为早于仰韶村的不召寨和早于仰韶期的甘肃齐家坪都没有发现彩陶，所以他仍然坚持彩陶是西方传播的假说。他认为，彩陶技术在传入中国之前已经经过了相当长的发展历程，进入成熟阶段。否则，很难想象河南及甘肃彩陶与安诺、特里波列彩陶如此相似。他也注意到仰韶彩陶与其他地区彩陶的区别，也使他对过去的说法产生了怀疑，只是说中亚地区是个特别值得注意的地区。特别是他在 1925 年提出的彩陶传播同与之的农业技术传播相伴时，现在在仰韶的器物上确有水稻的植物印痕，也与他的农业技术相伴传播说法相悖，他的态度更加谨慎。

到此时，安特生还没有放弃彩陶西来说的观点，但否定了农业技术的传播，肯定了甘肃和河南的史前人类都是中国人的祖先，两地的文化都是中国的史前文化。

1943 年，安特生出版了《中国史前史研究》一书，这本书代表着他一生探索中国史前史文化的结晶，是一部综合性著作。在这本书里，安特生对各地出土的陶器进行了系统而又详细的观察比对，又结合中瑞西北科学考察团的工作，他的认识发生了根本性的变化。他承认在地域上很难把仰韶彩陶与西方彩陶连接起来，从彩陶纹饰上看，甘肃的半山彩陶常见的锯齿纹在仰韶期极盛，到马厂期则极剧衰落。而这种纹饰在安诺和特里波列也有。因而他认为，中国似乎是彩陶的给予者，而近东是接受者。他也认为，在资料有限的情况下，要解决彩陶的源流问题为时过早。为此，他正式留话，关于河南、甘肃彩陶同安诺和特里波列彩陶的关系，他将留给他的下任高本汉去解决。事实上，由于安特生认识到只是晚于仰韶的马厂彩陶与安诺和特里波列彩陶相近似，而马厂彩陶又处于明显的衰退期，那么，他之前关于彩陶西来的假说事实上就等于不攻自破了。他指出，没有任何证据表明有另外的种族参加了陶器的制作，精美的彩陶及其他陶器，早在仰韶初期，中国人就是陶器的主人了。

总的看来，安特生的"中国文化西来说"经历了以下几个阶段：1923 年以前，他看到仰韶彩陶与安诺和特里波列彩陶相似，又根据安诺早于仰韶的意见，认为彩陶是由西向东传播的，经新疆、甘肃传入河南，并受李希霍芬的影响，提出了中国史前文化新疆起源说。但此时他只说到彩陶。1925 年，安特生提出彩陶传播的同时，可能有先进的农业技术传入。他没有提到民族迁徙问题，但承认鼎鬲等具有中国中原地区特征的器物是源于本土的，等于他放弃了整个中国文化西来的假说。1932 年，安特生仍然坚持中国彩陶与西方彩陶之间的相似，由于仰韶文化之前彩陶的缺环，他还仍然坚持彩陶西来说的假说，但已经意识到中国彩陶在质量上高于西方，对西来说发生了怀疑。同时，由于人骨的鉴定，使他认识到无论甘肃还是河南的史前人类都是中国人的祖先；再者，由于仰韶村出土的陶器稻壳印痕的发现，也使他放弃了农业技术西来的说法。直到 1943 年，安特生的认识才发生了根本性变化。通过研究，他得出了仰韶彩陶与近东彩陶无关的结论。至于仰韶的源头，他也并没有追溯到西方。相反，由于马厂期与安诺及特里波列彩陶近似，而马厂期晚于仰韶期，代表着一种衰退期的特征，所以他甚至认为在某种程度上讲中国是彩陶的给予者而西方是接受者。不过，他也只是一种假说。他保持了一种谨慎的态度，表示在目前资料有限的情况下，由他的下任去解决。

安特生当初做出的"中国文化西来说"，是基于以下几个原因：1. 仰韶彩陶与近东彩陶在纹饰上有相似之处。2. 安诺与特里波列的彩陶早于仰韶彩陶。3. 在仰韶彩陶发现之前，中国没有发现过彩陶，彩陶是突然出现的。今天看来，安特生提出的假说其证据明显不足，甚至十分牵强，其推论也过于大胆。但是，他的"中国文化西来说"与之前的"中国文化西来说"是完全不同的。前者尽管证据不足，且推论大胆，但事出有因。后者则凭空捏造，子虚乌有，连证据也是想当然的。我们可以批评安特生当时得出的这种推论缺乏有力证据，但作为一个治学严谨的科学家，安特生在当时的条件下也是有依据的。在当时考古资料严重缺乏的背景下，他做出这种假说并不奇怪。况且，安特生作出这种推论，也多少受到当时西方世界流行文化传播论的影响，关于中国文化西来说有一定的话语市场。难能可贵的是他能不断听取别人的意见，不断进行深入的研究，不断修正自己的假说。1924 年他提出中国文化源于新疆但又马上予以否定，所谓彩陶西来始终只是一种假说。安特生从此再也没有论及整个中国文化自近东向黄河流域传播，也没有再说中国的人种是自西方迁移过来的，而是认为中国文化是中国人自己祖先的文化。这一点，也是难能可贵的。陈星灿在他的纪念文章中给予了客观、公平的评价："不仅我们把'中国文化西来说'当成安特生始终一贯的学说批判是不公允的和片面的，将安特生当成一个有着种族偏见的帝国主义御用学者更是错误的，安特生是一个真正的学者。经过半个世纪的工作，特别是前仰韶文化的发现，我们在中国史前文化源流的认识上，已经远远超过安特生的时代。中国文化是一支独立起源和发展的看法得到了学界的公认。"

陈星灿在这篇纪念文章中，对于安特生与中国史前考古学的早期研究，条分缕析，旁征博引，追根溯源，从安特生对中国史前文化的年代和分期、安特生对中国史前考古学的贡献与影响、安特生关于中国史前史研究的功过是非等方面进行了详细的分析，最终得出了结论：

（一）安特生不是帝国主义分子，而是一位正直严谨的学者。

（二）安特生是中国史前考古学和现代田野考古学的开拓者，在许多方面对中国现代考古学做出了贡献。

（三）1921年，安特生在考古学上发现并发掘了中国第一个史前村落遗址，肯定了仰韶文化是中国的史前文化，推翻了中国无石器时代的论断。

（四）基于1921年仰韶村的发掘和1923—1924年甘青地区的考古发现，安特生提出了彩陶西来说的理论，但是除了1924年在 *Amer* 杂志上著文认为中国文化来源于新疆之外，安氏从来也没提及整个中国史前文化从西亚传播的看法，相反，即使是彩陶西来说，当他认识到只是马厂期的彩陶同特里波列彩陶相似以后，也采取了否定的态度。关于中国史前文化的来源及其与西方史前文化的关系问题，安特生认为只有等将来资料丰富之后才能解决，表现出严谨的治学态度。

（五）安特生应用考古学的比较方法，第一次对他在河南及甘青地区发现的史前文化进行了断代和分期；虽然现在看来错误很多，但这在很大程度上是时代的限制。安特生本人是经过专业地质学训练的早期进化论者，在20世纪20年代初年又受到传播论的影响，所以虽然他也认识到文化有并行发展的可能，但却把甘肃史前文化看成是自早而晚的一体发展；把彩陶纹饰的相似当成是彩陶自西向东传播的结果，带有鲜明的时代特征。不过安特生一生都在强调他的分期和断代只是一个假说，需要用新材料和新方法不断地补充和修正。

（六）安特生的考古发掘采用的是水平层位法，使他最终没能把龙山文化从仰韶文化中分离出来，在相当长一段时间里影响了我国史前考古学研究的发展。但是，水平层位法是当时国际考古学界普遍采用的方法，我们不能苛求安特生超越时代。

（七）安特生在类型学方面对中国史前考古学做出很大贡献。他应用类型比较划分的甘肃史前文化六期，尽管并不是一个文化的连续发展，事实上代表着几个独立的文化共同体，但他所依据的方法是不错的。

（八）安特生学识渊博，他开创的以现代民俗遗物印证史前文化的人类学传统，以地形地貌的分析解释考古学文化的地 质学传统；重视人骨、动物骨骼的鉴定，植物痕迹、陶土的化学分析等方面研究的多学科合作传统，他在考古发掘和研究 的技术和方法等方面的开拓性工作，显示出我国史前考古学在诞生时期有一个比较高的起点，我们今天的巨大成就即建立在他的这个起点上，他的一部分工作直到现在还是我们学习的榜样。

如果说在纪念仰韶村遗址发现 65 周年时，严文明对安特生在中国考古工作的评价首开拨乱反正之先河，那么，陈星灿为纪念仰韶文化发现七十周年而作的这篇文章，则对安特生的工作又做出了更全面客观、实事求是和有理有据的评价。自此，关于安特生在中国史前考古研究工作中的成就和得失成败有了一个客观公正的结论，而有关安特生是"文化特务"和"帝国主义分子"等说法，也从此销声匿迹了。

第三节 纪念仰韶文化发现 80 周年

——从许顺湛先生的一封信说起

一、许顺湛先生的一封信

2001 年，是仰韶文化发现和命名 80 周年。笔者时任三门峡市文物局局长。时年 3 月 1 日，我在向市委市政府领导汇报当年的工作安排时，就纪念仰韶文化 80 周年提出了初步建议。但是，后来由于市领导人事变动，此事还需要重新再议。5 月 25 日，我收到了市政府领导批转给市文物局的《关于召开仰韶文化发现 80 周年会议及中华文明起源学术研讨会》的公文处理件。这是一份许顺湛写给时任河南省委副书记王全书同志的信的批件。

许顺湛先生（1928 年 1 月—2017 年 5 月）是国内著名的考古学家，他一生钟情于文物考古工作，参加过很多遗址的发掘，撰写了多部关于文物考古和新石器时期聚落考古研究的著作，对仰韶文化研究更是情有独钟。这一年，许先生已经 73 岁高龄。3 月 21 日，他为推进仰韶文化发现 80 周年纪念活动，给时任河南省委副书记的王全书同志写了一封亲笔信：

王全书书记：

在政协会上见到您十分高兴。多年没见面，您还记得我，非常感激。有一件事向您汇报和请示。

建议召开"仰韶文化遗址发现八十周年纪念大会"。

19世纪至20世纪初，西方国家的学者宣传"中国文化西来说"，认为中国没有新石器时代文化。1921年，瑞典地质学家安特生受聘于中国政府，与中国学者共同在河南渑池县仰韶村发现了一处远古文化遗址，后来命名为"仰韶文化"，向世界宣告：中国确有新石器时代文化遗存。从此纠正了西方学者多少年来的谬论。从1921年起，特别是新中国成立以后，对仰韶文化遗址进行了全面地调查和重点发掘研究，证明仰韶文化上下数千年（距今5000年至距今7000年），分布于八个省（原件如此），纵横数千里。仰韶文化与同时期的其他文化比较，在神州大地是独占鳌头的，在世界领域来说也是凤毛麟角。因此，它在国内外学术界影响极大，这是我们民族的骄傲。如果追根溯源，不能不对80年前这一重大发现给以纪念。特别是在新世纪的第一年召开这样的会议更具特殊意义。

几个月前，我参加三门峡市旅游规划论证会，见到了三门峡的正副书记、正副市长和宣传部长等领导同志，向他们讲了纪念仰韶文化遗址发现八十周年的意义，他们都赞成我的意见，并表示愿意操办这个会议（渑池仰韶遗址是国家级文物重点保护单位）。最近人事有些变动，此事还未落实。省考古界一些专家情绪也很高，都愿意协助三门峡市操办此事。据说瑞典也在酝酿召开纪念会（因受聘中国的安特生是瑞典人），如果我们河南省对此事没有反映（应）的确不好。

三门峡领导和省里许多专家都有了积极的初步态度，我特向您汇报，希望您给与支持并给有关方面以指示，这样就会加强力度，使这次会议的召开更顺利，同志们会更有信心。

这的确是非常有意义的一项活动，恳切希望王书记给以支持。我虽然年逾古稀，还愿意为此事尽力效劳。

敬礼

河南博物院

许顺湛

2001.3.21（图22）

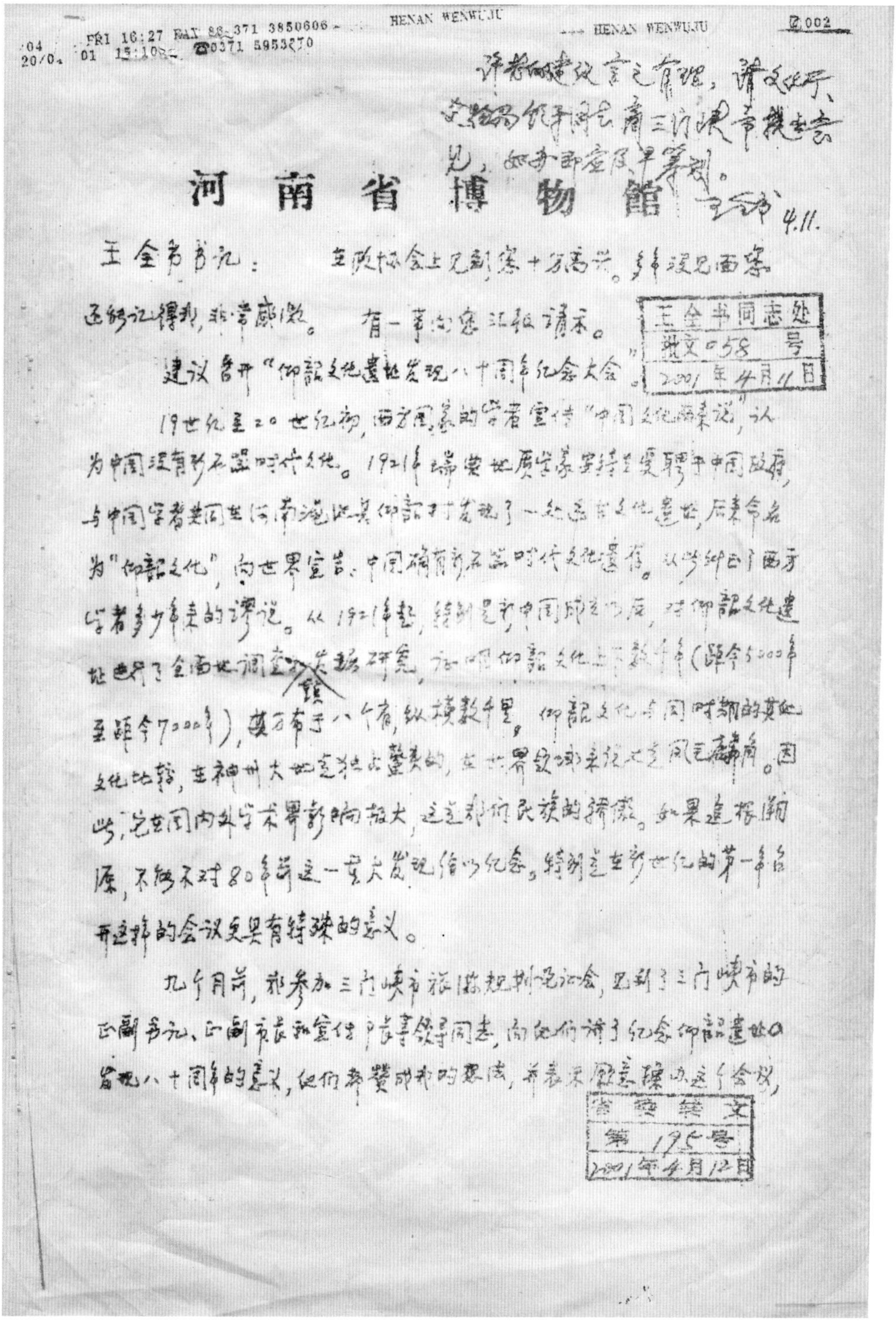

许顺同志建议言之有理，请文平、
文铭与你同去商三门峡市提出意
见，如开会应及早筹划。 王□ 4.11.

河 南 省 博 物 館

王全书书记：　在顺怀会上见到您十分高兴，并承蒙见面亲
还给记得判，非常感激。　有一事向您汇报请示。

建议召开"仰韶文化遗址发现八十周年纪念大会"

19世纪至20世纪初，西方国家的学者宣传"中国文化西来说"，认
为中国没有新石器时代文化。1921年瑞典地质学家安特生受聘于中国政府，
与中国学者袁同生在渑池县仰韶村发现了一处远古文化遗址，后来命名
为"仰韶文化"，向世界宣告：中国确有新石器时代文化遗存，以事实回击了西方
学者多少年来的谬说。从1921年起，经过几代中国研究者的努力，对仰韶文化遗
址进行了全面地调查、发掘研究，在时间仰韶文化上下数千年（距今5000年
至距今7000年），其分布有八个省，纵横数千里，仰韶文化与同时期的其他
文化比较，在神州大地是独此繁荣的，在世界史仰韶文化是凤毛麟角。因
此，它在国内外学术界影响极大，这是炎黄子民的骄傲。如果追根溯
源，不能不对80年前这一重大发现给以纪念，特别是在新世纪的第一年召
开这样的会议更具有特殊的意义。

几个月前，我参加三门峡市规划批判会议，见到了三门峡市的
正副书记，正副市长和宣传部事领导同志，向他们讲了纪念仰韶遗址的
省现八十周年的意义，他们都赞成我的意见，并表示愿意操办这个会议。

图22　许顺湛给王全书的信原件

王全书同志看到许顺湛的信后，于4月11日在信的原件上上作出批示："许老的建议言之有理。请文化厅、文物局领导同志商议三门峡市提出意见，如办，即应及早筹划。"

省文化厅收到王书记的批件后，时任厅长孙泉砀于4月17日批示："请俭传（常俭传，时任河南省文物局长）同志阅并按照王书记要求抓好落实。"

这个批件于4月23日转到三门峡市政府，当时的主管副市长李立江和市长都在上面签署了意见，要求市文化和文物部门尽快同渑池县有关单位商量，拿出筹办的初步方案，报省里和国家有关部门同意后实施。

圣地百年——仰韶村遗址发现百年纪事

二、纪念大会召开

许先生的信和各级领导的批示最终转到了笔者手上。看到许顺湛先生的信，我非常感动。一位年逾古稀的考古老人，对仰韶文化如此钟情热爱，拳拳之心、执着之情溢于言表，令人敬仰。筹办仰韶文化遗址发现八十周年纪念大会等有关活动，本来就是三门峡文物部门和渑池县自己的事，责无旁贷，义不容辞。

从此，我们就开始了紧张的筹备工作。经过与渑池县有关部门和领导的多次协商，并向上级有关部门汇报征得同意后，终于确定下来。2001年7月21日，河南省文物局下发了《仰韶文化发现八十周年纪念会筹备方案》。该方案确定这次纪念大会主办单位为：中国社会科学院考古研究所、河南省文物管理局、三门峡市人民政府；承办单位：渑池县人民政府、河南仰韶集团。会议时间为：2001年10月27日—28日；会议地点在渑池县。会议内容一是召开纪念大会，二是召开学术研讨会，三是参观仰韶村遗址、虢国博物馆和灵宝北阳平遗址。同时也确定了需要邀请与会的领导、专家和新闻单位名单。

会议原来确定的召开时间是10月27日（这个时间是当年安特生、袁复礼等在仰韶村遗址第一次发掘的开始时间），后来，又改为11月3日（报到）—6日（离会），会议实际时间就4日和5日两天。

这次会议邀请了时任国家文物局局长张文彬、中国社会科学院考古研究所所长刘庆柱、瑞典驻华公使傅瑞东、河南省副省长贾连朝、北京大学考古文博学院、中国科技大学，以及陕西、山西、山东、河南等省市文物考古单位的领导、专家和新华社、光明日报社、中国新闻社、中国文物报社、香港《文汇报》和《大公报》等20多个各级新闻媒体参加，渑池县还通知全县各县直单位和各乡（镇）的副科

图 23　仰韶文化发现 80 周年纪念大会

级以上领导全部参加了会议，与会总人数近 600 人，从人数上看，规模空前，声势浩大。

纪念大会的地点定在渑池的第二电厂大会议室。11 月 4 日早饭后，天下起了雨，与会人员冒雨在会议室前合影留念。9 时纪念大会正式开始（图 23）。会议由河南省文化厅厅长孙泉砀主持，国家文物局张文彬局长、河南省贾连朝副省长、瑞典傅瑞东公使、著名考古学家安志敏、河南省文物局长常俭传、三门峡市委书记申振君等都在大会上讲了话。

大会结束后，与会全体人员参观了仰韶村遗址。

11 月 4 日下午，在渑池宾馆的北四楼会议室，由中国社会科学院考古研究所所长刘庆柱主持召开了学术研讨会，与会专家学者就仰韶文化发现 80 年来取得的成果、仰韶文化考古的最新发现以及仰韶文化研究的有关热点问题进行了发言和讨论。

第二天与会的专家和学者们赴灵宝铸鼎塬参观了正在进行的西坡遗址第二次发掘现场，返回时又到三门峡市区参观了虢国博物馆。

三、收获

张文彬同志在大会上发表了题目为《"仰韶文化"发现的重大意义和深远影响》的主旨讲话。他在讲话中指出："80 年前，中国近代考古学尚属一片空白，由中国北洋政府聘请的瑞典地质学家、考古学家安特生及袁复礼先生等在时任中国地质调查所所长翁文灏等先生和渑池县政府的支持下，对河南省渑池县仰韶村、不召寨村等三处史前遗址进行了考古调查、发掘，发现了以磨制石器与彩陶共存为特征的史前文化。这是在中国发现的第一个史前村落遗址，是安氏在中国进行的最大最详细的一次发掘。他将这次发现命名为'仰韶文化'。这是中国近代考古学史上出现的第一个考古学名称，为研究中国史前文化开辟了广阔的前景。影响深远，意义重大。第一，仰韶村遗址的发掘，是我国新石器时代考古和近代田野考古学的发端。第二，仰韶文化的发现和研究为探讨中国文明起源提供了重要线索和基础条件。第三，仰韶文化遗址的发掘和研究，成为研究史前社会的重要基础，以无可辩驳的事实证明了华夏文明源远流长。"作为既是国家文物部门的最高领导又是考古学家的张文彬同志在讲话中指出：近年来"一些中青年学者在前辈学者的指导下，运用聚落考古的方法，从聚落分布、单个聚落的形态和聚落内部遗迹三个相关方面分析入手，对新石器时代聚落的发展、演变做全面深入的考察研究，其学术意义是深远的，标志着新石器时代考古研究进入了一个新阶段。这是非常重要的一步，由此对新石器时代社会内部结构、人口地理分布区域、氏族形成和发展及文明起源做出科学的阐释，必将推动上古社会历史文化研究的深化……仰韶村遗址 1961 年被国务院公布为全国重点文物保护单位，也是世界著名的人类文化遗产。多年以来，渑池历届领导和人民群众不惜牺牲自己的局部利益，完整地保护了这处重要遗迹，至今已成为渑池的巨大精神财富。相信县委、县政府一定会紧紧依靠人民群众，会把这处重要遗址保护得更好，使仰韶文化遗址在两个文明建设中发挥更大的作用"。

　　来自仰韶文化的发现与命名者安特生家乡的瑞典驻华公使傅瑞东在讲话中说：没有仰韶，就没有远东历史博物馆，就没有他对中国历史文化的了解和深厚兴趣。他在会上表示，瑞典远东博物馆也举办了相关的庆祝纪念活动。他还代表瑞典有关方面表达了与仰韶文化研究机构合作的愿望。

　　安志敏是仰韶村遗址第二次发掘的主要参与者（见前述），也是庙底沟遗址发掘的主持者。这次他应邀来参加纪念活动，感慨万千。情景再现，勾起了他很多深情的回忆。在大会上，他发表题目为《仰韶村和仰韶文化——纪念仰韶文化发现80 周年》（原文刊发在《中原文物》2001 年第 5 期）的讲话。他首先回顾了仰韶村遗址三次发掘和 1985 年纪念仰韶文化发现 65 周年活动的历史价值和重要意义，以及龙山文化、庙底沟文化发现前后，学术界关于仰韶文化命名和几种不同命名的争议，澄清了关于这些问题的一些不同看法，他强调指出："事实上，仰韶村是首次发现的典型遗址，有关仰韶文化的基本概念已经基本明确，并且符合考古学的命名原则，并已为学术界所公认，自然以保留为好"。[②]（见《中原文物》2001 年第 5 期第18页）最后，他又重复了2000年11月笔者陪同他参观考察仰韶村遗址时的感受：他"惊奇地发现它与50年前我们所看到的情景几乎完全一致。这不能不归功于国家文物政策的深入贯彻以及仰韶村居民文物保护意识的增强。"为此，他在讲话中建议："鉴于仰韶村遗址在国际上的知名度，并且在黄土高原的史前遗址中，保存是最为完好的，如果能把仰韶村建成遗址公园和博物馆，将能充分达到有效保护和合理利用的目的"（同上，第15、18页）。

2001年11月9日，陈星灿在《中国文物报》上也发表了他的纪念文章《安特生半个世纪前的一封信——纪念仰韶文化发现80周年》。作者在仰韶文化发现80周年前夕，应瑞典东方博物馆馆长马思中先生（Dr.Magnus Fiskesjo）邀请，到瑞典作访问学者。"看到当年安特生发掘的仰韶文化和甘肃诸史前文化的珍贵资料，很好地保存在这座博物馆的库房里，读到安氏在中国考古的有关档案，我差不多每天都处在'考古发掘'的兴奋之中。"当他看到当年安特生写给时任东方博物馆馆长高本汉的一封信时，禁不住将它翻译出来，献给仰韶文化发现80周年，以此来纪念和缅怀安特生。安特生在给高本汉的信中，写到了他在写作《中国史前史研究》时，瑞典的高本汉、阿尔纳以及中国的翁文灏、丁文江、傅斯年、李济、梁思永、祁延霈、裴文中等朋友给予他的帮助，他真情地向他们表示感谢，并"真切地希望这个硝烟弥漫的世界能够很快迎来和平，整个中国能沐浴在和平之中"。陈星灿从这封信中体会到了"安特生所以能够发现仰韶文化并把它作为中国人的史前文化，某种意义上说，是与他对中国文化和中国人民的尊敬和同情分不开的。表现了安氏对中国人民和中国古老文化的尊重和热爱"。（见2001年11月9日《中国文物报》7版）

从2001年到次年，国内外考古界以各种方式来纪念仰韶文化发现80周年。在这里梳理这些丰富多彩的活动的收获，难免挂一漏万，但有一项成果则是不能不提及的。这就是《20世纪中国文物考古发现与研究丛书〈仰韶文化〉》的出版和发行。这套丛书是对中国考古学诞生80周年以来，我国考古事业发展和研究的成果总结，是一套学科发展史和学术研究史系列丛书。作为这套系列丛书之一的《仰韶文化》一书，是一部关于仰韶文化调查、发掘和研究八十年来的学术回顾史。该书由著名考古学家巩启明先生执笔，其内容包括仰韶文化考古学的八十年工作回顾，重点介绍了仰韶文化的考古成就与原始社会的密切关系，展示了对仰韶文化研究的发展脉络以及争论观点，广纳各家之见，博采诸家之长，并对新世纪的仰韶文化研究进行了展望。

该书将仰韶文化发现和命名八十年的历史，以年代顺序为线索，分为五个阶段：一、仰韶文化的发现（1921—1931 年）；二、仰韶文化研究的初步发展（1931—1937 年）；三、仰韶文化研究的缓慢进展（1937—1949 年）；四、仰韶文化研究的蓬勃发展（1949—1971 年）；五、仰韶文化研究的丰硕成果（1971—2000 年）。上述五个阶段又可分为三个步骤：（一）仰韶文化的发现和调查。从 1921 年安特生、袁复礼等首次发现于河南仰韶村开始，经过 80 多年，仰韶文化从无到有，从少到多，全国共调查发现了 5000 多处仰韶文化遗址，为仰韶文化研究奠定了坚实的基础。（二）仰韶文化的发掘。在调查发现的 5000 多处仰韶文化遗址的基础上，到 2000 年，全国已经对 200 多处遗址进行了发掘。通过发掘，命名了仰韶文化各个时期不同类型的典型文化，大大丰富了仰韶文化的内涵，为仰韶文化的综合研究和专题研究提供了丰富的实物资料和科学依据。（三）仰韶文化的研究。从仰韶文化发现到龙山文化发现后学术界出现的二元对立说，到庙底沟二期文化发现后，证明了龙山文化是由仰韶文化直接发展而来的新论，再到关于仰韶文化的起源、类型的划分、时代的分期和年代的讨论，再到关于仰韶文化的区系类型划分和聚落研究，仰韶文化的研究一步步走向细化，走向深入，都取得了令人瞩目的成就。更难能可贵的是，该书在总结仰韶文化诸方面取得的成果的前提下，也指出了关于仰韶文化研究中存在的问题，比如：在仰韶文化调查、发掘和研究方面存在着不平衡问题，表现在地区之间的不平衡、发掘数量和规模的不平衡、专题研究的不平衡、应用多学科参与和现代高科技技术的不平衡等等，都是今后关于仰韶文化研究中应当注意和解决的问题。

总之，《仰韶文化》一书，比较详细地总结和概括了仰韶文化自发现和命名以来 80 年的学科发展历史，该书在资料的汪洋大海里取材粗细有致，取舍得当，图文并茂，分合有度，既是对仰韶文化发现 80 年的成果、经验、得失的系统总结，又是关于仰韶文化研究成就的系统评价，不失为关注和热心仰韶文化研究者的一部必读之作。

第四节　纪念仰韶文化发现 90 周年

——从"仰韶时期"到"仰韶时代"

从 1921 年到 2011 年，仰韶文化发现走过了 90 个年头。90 周年，对一个人生命而言，已进入耄耋之年，而对中国史前考古和整个考古事业来说，仅仅是"小荷才露尖尖角"。90 年，是一个漫长的过去，也是一个走向未来的开始。这个特殊的日子受到了国内外学术界、各级媒体、国家有关部门等各方面的高度重视，都纷纷相约，要来仰韶文化的故乡看看，参加有关纪念活动。

为了办好这次活动，纪念这个具有历史意义的日子，在仰韶文化的故乡——渑池县，早在 2010 年底，就启动了筹备工作。县里就成立了筹备组委会，县主要领导亲自担任组委会主任，组委会设立了办公室，专门负责此事。三门峡市委市政府主要领导也高度重视，多次亲临渑池县部署和指导筹备工作。2011 年 6 月 3 日，河南省文物局向国家文物局发出了《关于邀请国家文物局主办仰韶文化发现 90 周年纪念大会暨学术研讨会的请示》，同时，河南省文物局联合三门峡市政府也向河南省政府报送了请示。在得到以上两个部门同意后，决定：纪年仰韶文化发现 90 周年纪念活动由中国社会科学院、国家文物局、河南省人民政府主办，中国社会科学院考古所、河南省文物局、三门峡市人民政府、渑池县人民政府承办。之后，组委会办公室就向国内外嘉宾发出了邀请函。到 2011 年 10 月底，共邀请到中外嘉宾 204人。其中，各级领导和特邀嘉宾 122 人，专家学者 66 人，外宾 16 人（瑞典国 11 人、韩国 4 人、德国 1 人）；国内各媒体记者 120 人；商务活动客商 200 余人，共计 600余人。从 11 月 4 日报到，至 9 日整个活动结束，这次纪念活动共举行了仰韶文化发现 90 周年纪念大会、"仰韶和她的时代"——国际学术研讨会、仰韶文化博物馆开馆仪式、"欢乐中国行·魅力三门峡"电视专题和节目演出、中瑞文化艺术交流展、"仰韶文化·华夏之光"邮票发行仪式、仰韶文化旅游产品博览会暨第四届黄河奇石精品展览、仰韶文化发现 90 周年商务活动等多项活动。可谓丰富多彩，异彩纷呈，既有文化性，又有商业性；既有专业性，又有公众性；专业与非专业联动，国内与国外共庆；不仅展示了仰韶文化发现 90 年来学术研究取得的丰硕成果，也展示了仰韶文化在保护、开发、利用、传播等方面与时代同步，与先人和声的新特点。特别是关于"仰韶时代"这一概念的提出并达成共识，基本取代了过去"仰韶时期"的提法，也标志着关于仰韶文化研究进入了一个新的阶段。

这一年，笔者退职后在山西省曲沃县晋国博物馆帮助建馆和布展，有幸受组委会邀请，又回到家乡，帮忙组织并参与了整个纪念活动。活动开始后，组委会分给我的任务是：全程负责接送、陪同和照顾严文明教授。我感到十分荣幸，在照顾好严先生生活、开会、参观等一切活动的同时，我们就有关仰韶文化的话题聊了很多，我不仅向先生学到了很多知识，先生对仰韶村、仰韶文化独有的情怀和平易近人的亲切面容给我留下了深深的印象。

一、仰韶文化发现 90 周年纪念大会

2011 年 11 月 6 日上午，纪念大会在渑池县体育馆隆重开幕（图 24）。中国社会科学院副院长王伟光、中国社会科学院考古所所长王巍和副所长陈星灿、国家文物局副局长顾玉才、河南省副省长赵建才、沈阳军区空军后勤部刘忠岳少将、原解放军二炮某部政委赵承业少将、中国驻瑞典大使馆原大使陈明明和文化参赞蒲正东、瑞典国家博物馆管理署署长桑娜、瑞典东方博物馆馆长艾娃、韩国文物研究院院长郑义道、北京大学教授著名考古学家严文明、著名考古学家石兴邦、安家瑶、三门峡市委市政府主要领导以及各主流媒体记者和渑池县全县副科级以上干部共1000 余人参加了大会。会议由河南省文物局局长陈爱兰主持。王伟光、顾玉才、赵建才、严文明以及河南省、三门峡市、渑池县有关领导等都先后在在大会上讲了话。

这次大会回顾和总结了仰韶文化发现 90 年来的主要研究成果，进一步明确了仰韶文化的历史和学术地位，缅怀了历代考古学家为仰韶文化研究和中华文明探源做出的巨大贡献，交流了仰韶文化最新的研究成果，探讨了仰韶文化研究的方法和方向，推动仰韶文化研究的学术成就与时代发展相结合，是历次纪念仰韶文化发现

图 24　仰韶文化发现 90 周年纪念大会会场

会议中规模最大、参加人员最多、规格最高的一次大会。严文明先生的讲话代表了大家的心声："90 年前的今天，瑞典地质学家、考古学家安特生来到了渑池，在仰韶村进行了具有历史意义的发掘，确立了仰韶文化。仰韶村遗址的发掘对中国考古界来讲，是一件大事，是中国田野考古的第一次，是新石器时代考古的第一次，中国考古学研究的第一次。无论是考古的追溯，还是文明的追溯，仰韶都是一个开始。之后一代又一代中国考古学家们做着不懈的探索，唱响了中国文化本土起源的主旋律。仰韶文化是中国文明形成的一支主要根基，在中国文明起源与形成中具有重要的地位与作用，是中国文明之源。最近，国务院下发的《关于支持河南省加快建设中原经济区的指导意见》，就是要把河南建成华夏历史文明传承创新区，传承弘扬中原文化，充分保护利用全球华人根系文化资源，培育具有中原风貌、中国特色、时代特征和国际影响力的文化品牌，提升文化软实力，增强中华民族凝聚力。来到仰韶文化发祥地——渑池，最应该缅怀的就是前辈学者们锐意进取创新的精神。这些年，一代又一代'远古的叩访者'们正在做一个中华文明探源工程，这个'探源'就是探测中华文明的起源，其中一个重点就是仰韶。让我们一起回顾他们的探源历程。同时，也希望我们这代人继续发扬锐意进取创新的精神，共同开创中华文明、中原大发展的新局面。我希望在仰韶文化发现 100 周年的时候，我们大家再次聚首，会有更大的成果来面对世界。"

二、仰韶文化博物馆开馆

也许是仰韶文化这个链接中华文明根基的恢宏篇章惊天动地，也许是隆重的仰韶文化的发现和纪念活动感应着中华大地。2011 年 11 月 7 日早，张灯结彩、彩旗飘扬的渑池大地突然下起了大雨。秋冬之交，落雨纷纷，充满了寒意，但是在刚刚落成的仰韶文化博物馆里，则是嘉宾云集，热气腾腾。参加开馆仪式的嘉宾们冒雨来到馆里，等待着为这个中国首座仰韶文化专题博物馆剪彩贺喜。

十届全国人大副委员长盛华仁、北京大学教授、著名考古专家严文明、全国人大农业与农村委员会委员王明义、河南省人大副主任王文超、中国驻瑞典大使馆原大使陈明明、中国社科院考古所副所长陈星灿、瑞典东方博物馆馆长艾娃、河南省文物局局长陈爱兰、全国政协委员、著名考古学家安志敏之女安家瑶、著名考古学家夏鼐之子北京大学教授夏正楷、著名地质学家考古学家袁复礼之子袁鼎以及三门峡市、渑池县领导等出席了开馆仪式（图 25）。

图 25　参加仰韶文化博物馆开馆仪式的中外嘉宾合影

仰韶文化博物馆是经国家文物局和河南省政府批准，在仰韶村遗址外北边台地上建设的一座仰韶文化专题博物馆。该馆自 2009 年 1 月动工，到 2011 年 10 月 28 日竣工，占地面积 43 亩，总投资 7877 万元，建筑面积 4700 平方米。建筑设计由清华大学建筑设计研究院关肇邺先生担纲。博物馆巧妙地利用当地的地形、地势和黄土的自然属性，背依韶山，俯瞰遗址全貌，师法自然，出自黄土。外观造型采用抽象的仰韶彩陶艺术形象，斜面立体，造型独特，自然和谐，创造出一种破土而出的气势，与自然地貌融为一体。既标识了仰韶文化的远古属性，又赋予它一种历史沧海桑田、山川巨变的厚重与庄严。

参加开馆仪式的领导和嘉宾们对仰韶文化博物馆的建成和开馆给予了热情洋溢的赞赏，称赞它的建成和开馆，是渑池县、河南省，乃至全国博物馆事业发展中的一件大事，更是仰韶文化研究和展示的一个专业平台，填补了我国博物馆群体中的一个空白，为仰韶文化研究和展示利用建成了一个家。必将成为传承和弘扬仰韶文化、提升地方文化品位、促进对外文化交流的新起点和亮点。艾娃女士在讲话中指出，仰韶文化博物馆的建成和开馆，将成为中瑞两国接触和文化交流的一个平台，希望它与瑞典的东方博物馆之间今后有更多的交流和合作。

与会领导共同为博物馆开馆剪彩后，又冒雨来到博物馆前面的广场上，为端坐在馆前的安特生、袁复礼、夏鼐、安志敏铜像揭幕。艾娃、袁鼎、夏正楷、安家瑶四位嘉宾依次站在铜像面前，向四位前辈鞠躬行礼，揭开了大红幕布。在场的来宾们鼓掌庆贺，共同参拜这四位为仰韶文化发现和研究做出巨大贡献的老前辈。秋雨绵绵，情景肃穆，此时此刻，此情此景，记下了仰韶文化纪念活动史上的又一件盛事。

三、"仰韶和她的时代"学术研讨会

11月6日下午至7日，在仰韶文化博物馆学术报告厅召开了"仰韶和她的时代"——国际学术研讨会（图26）。中国著名考古学家严文明、石兴邦，瑞典东方博物馆馆长艾娃，韩国文物研究院院长郑义道，德国考古学家魏莎彬、北京大学、中国科技大学、中山大学等60余名我国史前考古界的专家学者参加了研讨会。会议先后由中国社科院考古所副所长陈星灿、北京大学考古文博学院副院长张弛、河南省文物考古所研究员方燕明主持。李新伟、朱乃诚、夏正楷、艾娃等中外学者20多人作了学术发言。会上，专家们畅说欲言，纵谈阔论，考古新成果交流，新观点新概念的交流与商榷，考古新方法、新技术的频频亮招，洋溢着一种学术自由，平等对话的热烈气氛，是一个首次由中外学者参与的仰韶文化研究学术盛会。

北京大学考古文博学院教授严文明作了总结发言。他说："仰韶文化是中国文明形成的一支主要根基，在中国文明起源与形成中具有重要的地位与作用，是中华文明之源。这些年，我们正在做一个中华文明探源工程，这个探源就是探索中华文明的起源，其中一个重点就是仰韶文化。我想，把仰韶文化的研究进一步突破，那么，对中华文明起源的研究将是一个重大贡献。"（会议发言结集《仰韶和她的时代》见后述）

会后各位专家学者又乘车到灵宝市铸鼎塬实地考察了灵宝西坡遗址的考古发掘现场。

图26 "仰韶和她的时代"学术研讨会会场侧景

四、《仰韶和她的时代》等专著出版

这本书以仰韶文化国际学术研讨会上专家学者们宣读或提交的论文为主（包括后期追交的论文），由中国社会科学院考古研究所和仰韶文化博物馆联合编著，中山大学教授曾骐作序，共收编论文 18 篇。可以说是继仰韶文化发现 65 周年出版的《论仰韶文化》（见前述）之后，历次纪念活动中又一次关于新近仰韶文化研究的最新成果集成。

仰韶文化研究取得的成就如何，决定着它在中国文明起源中的地位和作用。关于仰韶文化与中国文明起源的关系问题，早在 1985 年举行的纪念仰韶村遗址发现 65 周年学术讨论会时上，就吹响了在仰韶文化中探索中国文明起源的号角（见前述）。时隔 26 年，中国文明起源研究已经取得了极大的进展，其成果呼之欲出。关于仰韶文化的研究也取得了许多重要成果，河南灵宝西坡遗址、陕西高陵杨官寨遗址等一批重大考古发现的问世，使学术界不得不就 26 年前形成的有关仰韶文化的发展程度进行重新认识，对仰韶文化在中国文明起源中的地位和作用也不得不予以重新评价。在这次研讨会上，朱乃诚以《仰韶文化的文化成就以及在中华文明起源中的地位和作用》为题，阐明了关于这一问题的观点。他总结了 90 年来仰韶文化研究取得的文化成就：一是"重视农业，产生一套适合于黄土地带农作物种植的农耕工具与种植方式，以及相关的物质文化与精神文化，维护着原始农业经济的稳定发展。"二是"重视手工业，产生一批适合于黄土地带以原始粟作农业经济为基础的聚落生活活动的陶器群。"三是"重视聚落与房屋的营建，开创了红烧土房屋类建筑的一个新时代。"四是"重视精神文化生活活动，形成一套独特的意识观念，成为中华传统文化的又一重要组成部分。"五是"在原始粟作农业经济的基础上，平稳推进社会组织结构的发展，形成以基本固定的地缘与血缘关系做纽带的社会组织结构，并由两级社会组织逐步向五级制社会组织的政治实体演变。"由此可以看出，仰韶文化时期的"仰韶文化已经形成了一个长达 2000 年的稳定文化圈，并对周边地区的文化产生了重要影响，产生了一批突出的文化成就，深深地影响着中国文明的起源、形成、发展的进程，并在以农业经济为主导的中国古代文明发展中产生了深远而重要作用[1]"。

---

[1] 中国社会科学院考古研究所、仰韶文化博物馆编：《仰韶和她的时代》，文物出版社 2014 年 1 月第一版，第 24 ~ 44 页。

关于仰韶文化时期可否称为"仰韶时代",早在 1986 年纪念仰韶文化发现 65 周年的研讨会上,张居中先生就提出了仰韶时代文化和仰韶时代的概念,他以仰韶文化的典型彩陶艺术为标本,从它的最早出现到兴盛、到消失,认为彩陶艺术的兴衰具有一定的时代特征。提出了"仰韶时代是我国历史上很重要的一个历史阶段,大体开始于距今 6400 年,结束于距今 4400 年,一些边远地一直延续到距今 3700 年才结束 ①"。这一提法,先后得到严文明和张忠培两位先生和一些同仁的认可。在这本书里,张居中等又以《再论仰韶时代》为题,把分布在"华山文化圈"周围的关中、豫西、晋南地区的仰韶文化作为仰韶时代的典型仰韶文化中心,把分布在甘青地区的马家窑文化、汉水流域的下王岗文化、豫中地区的大河村文化、豫北冀南地区的大司空和下潘汪文化等作为典型仰韶文化第二层的亲缘文化,把黄河下游的北辛文化和大汶口文化等、东北地区的红山文化、长江中游的皂市下层文化和屈家岭文化等、长江下游的马家浜文化和崧泽文化等、宁镇地区的北阴阳营文化等、淮河下游的龙虬庄文化、巢湖地区的凌家滩文化、皖江流域的薛家岗文化等作为仰韶文化的第三层文化,运用了大量的考古事实,以其中心的典型仰韶文化为核心,剥茧抽丝,再次论证了他提出的仰韶文化时代的观点。他的观点也得到了与会不少学者的认可。一时间,典型仰韶文化、仰韶模式、仰韶时代、仰韶文化时代成为会上的热词。

关于安特生在仰韶文化发现和命名以及后期的研究和观点变化,西北大学文化遗产学院的刘斌和河南文物考古研究院的张小虎的《安特生后期的学术工作、活动及其影响》一文,运用近几年关于安特生研究的较多资料,介绍了安特生自 1921 年仰韶村遗址发掘和《中华远古之文化》考古报告发表以后,三次返回中国以及他在瑞典国内从事的研究情况及其成果,介绍了安特生一生从地质学家转变为考古学家后,在中国从事史前考古调查、发掘、研究的主要成就,并客观地对安特生的中国史前考古工作给给予了比较客观、公正的评价。资料翔实有据,评价实事求是。有不少资料是首次公开,是继纪念仰韶文化发现 65 周年时严文明发表的《仰韶文化研究中心几个值得重视的问题》给安特生拨乱反正、70 周年时陈星灿发表的《安特生与中国史前考古学的早期研究——为纪念仰韶文化发现七十周年而作》等署名文章,

---

① 河南省考古学会、渑池县文物保护管理文员会编:《论仰韶文化》,《中原文物》编辑部,1986 年特刊号,第 104～105 页。

对安特生的工作做出了更全面客观、实事求是和有理有据的评价之后，关于安特生研究和评介的又一篇颇有分量、有价值的文章。

如前所述，仰韶文化的核心区在豫西、晋南和关中盆地，因此关于对这些地区仰韶文化的研究也比较多。在这次会上，戴向明的《陕晋豫地区仰韶早期文化的有关问题》一文，在他早先研究的基础上，重申了他关于"仰韶文化早期阶段或早期仰韶文化，在关中包括零口类型（或北首岭期）及其后继半坡类型（半坡期与史家期），在晋南豫西包括枣园文化的枣园类型和随后受半坡文化影响形成的东庄类型"的观点，并得出"晋南豫西从东庄类型到庙底沟早期则有清晰的变化线索与演变过程，因此我们认为庙底沟文化最初是在晋南豫西形成的"结论①。张天恩在《渭河流域仰韶早期文化的观察》中，分析了渭河流域仰韶文化早期的基本框架，依据渭河流域的渭南史家、陇县原子头和宝鸡福临堡等遗址出土的仰韶文化的特点，在从半坡到庙底沟，到西王村类型的框架中，植入了其中衔接更紧密、更细化的相关文化，并指出各文化在渭河流域发生、发展及其影响的范围，以及史家文化、原子头文化对晋南、豫西、河套、燕辽地区的影响。郭志委的《宝鸡北首领聚落形态初步考察》，以北首岭为例，通过对关中地区仰韶文化聚落的对比分析，从居住区、墓葬区、窑址等遗迹要素的布局来看，认为在关中地区的半坡、姜寨、北首岭等遗址中在当时流行着一种生活区、生产区、墓葬区连接在一起的聚落布局②。

在这次学术研讨会上考古新技术和新方法的运用成为一大亮点。马萧林的《灵宝西坡墓地复原研究》，根据墓葬填土的颜色蕴含的考古信息，结合墓地周边的自然堆积，尝试复原墓葬的原始深度和分布密度，是从一个新的视角研究史前墓地的一种探索，也提出了过去在研究先秦及其更早的史前墓葬时，不少人忽略了数千年来由于水土流失等自然因素，造成不少墓葬的深度并非原始深度的问题。在看似常识的平常之中，现出一个不容忽视的考古研究新视点③。韩建业则依据灵宝西坡墓地的墓葬埋葬形制、大小、随葬品多少、"价值"高低，得出当时社会存在一种"重

① 中国社会科学院考古研究所、仰韶文化博物馆编：《仰韶和她的时代》，文物出版社 2014 年 1 月第一版，第 74、82 页。
② 中国社会科学院考古研究所、仰韶文化博物馆编：《仰韶和她的时代》，文物出版社 2014 年 1 月第一版，第 109 页。
③ 中国社会科学院考古研究所、仰韶文化博物馆编：《仰韶和她的时代》，文物出版社 2014 年 1 月第一版，第 151 页。

贵不重富"的特点，总结西坡墓地反映出来的"生死有变、重贵轻富、井然有序、朴实执中"的中原模式①。张小虎、刘斌的另一篇《关中地区仰韶文化发展的区域差异及其经济状况的统计分析》，运用统计学的分析方法，以关中地区仰韶文化已发掘遗址中的袋状灰坑为例，从袋状灰坑在仰韶文化早、中、晚期的容积底径的变化，反映出仰韶文化早、中、晚期社会生产力发展状况和连续发展的趋势，定量分析出以西安——咸阳为界的关中东、西部仰韶文化早、中、晚期发展的差异，发现其差异性表现在：关中东部多以中期为主，可能是仰韶早、中期连续发展，中期达到了顶点，晚期进入了低潮阶段。而西部多见仰韶文化晚期遗存，且发展规模超过了东部②。杨拴朝以《庙底沟彩陶上的指印纹饰》为题，介绍了他多年从事仰韶文化彩陶复制实践中的新发现，认为庙底沟彩陶中常见的圆点纹饰，是"先民们在劳动实践、艺术创作中创造的独特的指印纹饰，它是庙底沟彩陶艺术最重要的组成部分之一。庙底沟彩陶艺术的辉煌成就说明了劳动者在创造物质财富的同时发现并创造了艺术，这些艺术成就也准确地反映了史前先民是用智力和双手推动了农耕文明的进步和人类社会的发展。""先民们为什么要放弃画笔而用手指特意粘上颜料按制圆点纹饰？我们推测该圆点可能具有一种特殊的用途和功能。先民们可能已经发现了指印有不可替代的独特之处，所以画工就用指印圆点来区别各自的身份。"并建议命名为"指引纹饰③"。这一研究成果犹如一石激起千层浪，新奇而又可信，得到了不少学者的认可。付永旭的《巩义制陶技术的民族学考察及思考》一文，运用民族学调查的方法，通过对河南巩义鲁庄乡北侯村两位年轻的制陶师傅制陶技术的过程记录、工具、工艺流程、产品风格及其销售渠道分析，启发我们对在考古学方法中史前陶器的制作方法、技术及其交流方式和文化传播方式的思考。这种思考可以帮助我们评估和改造已有的考古学研究技术、方法，例如对陶器的拼对、复原、成分分析等④。郭梦和王艳鹏的《河南巩义北侯村制陶业调查》则是通过对该村现在还在生产和销售陶器的几位师傅的实际调查，认为制陶这种流传了几千年的传统产业，由

---

① 中国社会科学院考古研究所、仰韶文化博物馆编：《仰韶和她的时代》，文物出版社 2014 年 1 月第一版，第 161 ~ 164 页。

② 中国社会科学院考古研究所、仰韶文化博物馆编：《仰韶和她的时代》，文物出版社 2014 年 1 月第一版，第 111 ~ 126 页。

③ 中国社会科学院考古研究所、仰韶文化博物馆编：《仰韶和她的时代》，文物出版社 2014 年 1 月第一版，第 178、179 页。

④ 中国社会科学院考古研究所、仰韶文化博物馆编：《仰韶和她的时代》，文物出版社 2014 年 1 月第一版，第 236 ~ 238 页。

于社会经济文化和村民们生活方式的快速发展和变化，加之制陶业又累又苦，劳动繁重又脏乱，之前的由于生活所迫不得不从事赖以养家糊口的制陶产业几乎濒临消亡。但是，他们还是希望，这种利用制陶业民族学的调查得来的正反两反面的经验和实践，能够对考古学的方法、技术和文化视野有所帮助[①]。

这一年 10 月，文物出版社还出版了由中国社会科学院考古研究所编著的《庙底沟与三里桥》中英文双语版，并收录了张光直先生在 1981 年 7 月 31 日为 1980 年7 月 2 日美国宾夕法尼亚大学翻译的英文版写的序言。使得张光直先生的这篇在"中国考古学史上的一篇重要文献"（陈星灿语，见该书第 71 页）得以与中国读者见面。

此外，由中国社会科学院考古所、郑州市文物考古研究院、嵩山地区古代文明研究中心和仰韶文化博物馆编著的《仰韶文化研究文献目录》也与读者见面。该书收录了自 1923 年至 2010 年间国内公开出版的有关仰韶文化考古调查、发掘和研究方面的中文书籍、报刊资料，兼收与仰韶文化研究相关的若干文献，共计 3002 条，涉及作者 903 人，是迄今为止有关仰韶文化研究的一本收集文献最全的目录总集。

五、《三门峡仰韶文化研究》出版

该书由原三门峡职业技术学院李久昌教授主编，收录了仰韶村遗址发现 90 年来，国内外学术界对三门峡地区仰韶文化专题或综合性研究的论文 117 篇，共 180万字，涉及 130 多位作者。著名考古学家严文明、许顺湛作序。许顺湛先生在《序言》指出：该书"作者们从不同角度，不同层次，不同观点着手，百家争鸣，各抒己见。其目的是相同的，都是为了把仰韶文化的研究，不断深入，不断升华，使其文化内涵更清晰。把这些论文汇集起来，的确是一件十分有益的举措。"该书共分为 5 个部分：1. 仰韶村与仰韶文化研究。2. 庙底沟与庙底沟文化研究。3. 黄帝铸鼎塬聚落遗址群研究。4. 班村、南交口等遗址研究。5. 发现与研究回顾。这本书是仰韶文化发现以来，三门峡地区出版的，收集有关研究仰韶文化的论文和涉及作者最多、内容最全的一部著作，也是三门峡仰韶文化研究学术界献给仰韶文化发现 90 周年的一份大礼。

---

① 中国社会科学院考古研究所、仰韶文化博物馆编：《仰韶和她的时代》，文物出版社 2014 年 1 月第一版，第275 ~ 279 页。

六、"仰韶文化·华夏之光"邮票发行新闻发布会

2011 年 11 月 5 日在渑池中州国际饭店举行了"仰韶文化·华夏之光"邮票发行新闻发布会。活动由渑池县政府和三门峡市邮政局主办，渑池县邮政局承办。河南省集邮协会副会长郭洪杰出席发布会，参加纪念活动的 50 多家新闻媒体与会。本次活动选择了仰韶文化具有代表性的出土陶器，共发行 1 版个性化纪念邮票，1 套 8 枚，主图为"和谐"，附图为仰韶彩陶 6 枚：月牙纹彩陶罐、小口尖底红陶瓶、曲腹彩陶盆、彩陶罐、彩陶钵、灰陶豆，三枚纪念张和一本专题邮票珍藏册，全面展示了渑池悠久的历史文明、深厚的文化底蕴和自然、人文特色。这个活动，也是在历次纪念活动中，首次发行仰韶文化纪念性邮票。活动期间，还举办了省集邮协会理事宋旺林个人的瑞典专题邮集展览，展出瑞典及仰韶文化有关的各类邮票一千多枚。

七、中瑞文化艺术交流邀请展

如前介绍，约翰松（JanericJohanson）是一位瑞典画家，他的中文名字叫杨涵松。2010 年，以原三门峡市市委书记李文慧为团长的访问团访问瑞典时，邀请他在仰韶文化发现 90 周年时来渑池做一个以展示中瑞文化友谊为主题的专题画展。2011 年 4 月，中瑞文化艺术交流邀请展在昆明签约。11 月 5 日，展览正式在渑池博物馆举行。这个展览由中国职工书法家协会主办，渑池县文联承办。瑞典方有书画艺术家杨涵松作品参展，中方有中国职工书法家协会组织参展。解放军二炮某部原政委赵承业少将，河南省总工会常务副主席、中国职工书法家协会主席桑金科等领导出席了开幕式。11 月 11 日结束，共展出中瑞书画艺术家作品 145 幅，其中瑞典书画艺术家杨涵松的 25 幅三维立体画成为展览的亮点。

八、其他活动

除了以上活动外，渑池县还利用这次机会约请中央电视台录制了"欢乐中国行·魅力三门峡"专题节目在中央电视台播放，举办了渑池仰韶文化旅游产品博览会、黄河奇石展以及一些商务活动，这些活动都收到了很好的经济和宣传效应。

九、收获

这次仰韶文化发现 90 周年纪念活动是历次纪念活动中规模最大、内容最多的

一次，也是河南省文物界有史以来关于仰韶文化研究的规格最高的一次盛会。纪念活动中，来宾人数之多、规格之高、活动内容多样、来宾范围之广都创下了新的记录。纪念活动取得了丰硕成果：首先，本次活动进一步明确了仰韶文化的历史和学术地位，特别是它在中华文明起源中的地位和作用进一步得到确立。其次，本次活动传承了仰韶文化，弘扬了华夏文明，回顾总结仰韶文化发现90周年来的主要研究成果，缅怀历代考古学家为仰韶文化做出的历史贡献，交流了仰韶文化的最新研究成果，探讨了仰韶文化研究的方法和方向，为加大仰韶文化研究力度等方面都具有深远的历史意义和现实意义。第三，关于"仰韶时代"的提出，基本上达成了共识。第四，本次纪念活动，有中国、瑞典、韩国、德国等国考古专家和艺术家参与交流，促进了国际的文化交流和合作，增进了中瑞两国人民之间的友谊，也为国际仰韶文化研究打开了一扇大门，开辟了新的途径。第五，研讨会上交流的考古学新技术、新方法、新成果不仅将会对今后的仰韶文化研究具有开拓性的价值，也是对整个考古学理论和方法的新贡献。第六，媒体的广泛参与和宣传报道，不仅扩大了对本次活动的宣传，也扩大了考古事业及其成果对社会公众的影响。据不完全统计，约40余家报刊刊发了300余篇报道，开辟了50余个专栏专版，网络报道1000余篇次。其中：人民网、新华网开设了活动专栏，人民日报、新华社发通稿5篇，中央级媒体网站发稿116篇，省级媒体40篇，市级媒体发专版30个，一版头题7篇，其他网络发稿800余篇次。第七，当然，本次活动更助推了渑池"文化育县"战略目标的深入实施，为全方位、立体化地推介并打造渑池独特的仰韶文化品牌，使仰韶文化这一响亮名片成为渑池县经济社会发展的"助推器"和"发动机"。

第五节　序幕拉开——纪念两个"一百周年"

——重启新时代中国考古学

2020年9月28日，中共中央总书记习近平在主持中央政治局就我国考古最新发现及其意义为题举行的第二十三次集体学习时强调：当今中国正经历广泛而深刻的社会变革，也正进行着坚持和发展中国特色社会主义的伟大实践创新。我们的实践创新必须建立在历史发展规律之上，必须行进在历史正确方向之上。要高度重视考古工作，努力建设中国特色、中国风格、中国气派的考古学，更好认识源远流长、博大精深的中华文明，为弘扬中华优秀传统文化、增强文化自信提供坚强支撑。

在这次讲话里，习近平总书记指出："我国很早就有了考古学研究。1921年，我国开始对仰韶文化遗迹进行考察，我国现代考古学由此诞生，即将走过百年历程。"2021年，是仰韶文化发现100周年，也是中国考古学诞生100周年。纪念和庆典这个在中国考古历史上具有重要意义的两个"一百周年"，是我国考古界的一件大事、盛事，是总结和回顾百年考古成就、继往开来、再创考古学新成就，重启我国考古学新征程的重要历史节点。习近平总书记亲自就考古学事业作出的这个重要讲话，在我国考古历史上是空前的。这个讲话对考古学意义与今后发展方向进行的深刻阐释，必将对新时代中国考古学的发展产生重大影响，必将成为中国考古学发展史上的的里程碑，也必将成为新时代重启中国考古学的进军号和动员令。

纪念两个"一百周年"的活动就是在这样的背景下拉开了序幕。

一、建立了高规格的工作机构

2020年4月8日，三门峡市委、市政府两个办公室发出通知，建立了由市委书记任政委、市长任指挥长、市委市政府有关部门以及渑池县、灵宝市等27个有关单位领导参加的"仰韶文化发现一百周年暨中国考古学诞生一百周年纪念活动筹备工作指挥部"。经上报国家、河南省有关部门同意后，决定纪念活动的主办单位为文化和旅游部、中国社会科学院、国家文物局、河南省人民政府。承办单位为中国考古学会、中国社会科学院考古研究所、河南省文化和旅游厅、河南省文物局、中共三门峡市委、三门峡市人民政府。协办单位为中国考古学会公众考古专业委员会、河南省考古学会、河南省文物考古研究院、渑池县委、渑池县政府、灵宝市委、灵宝市政府。指挥部专设了办公室，由一位副市长负责主持日常工作。

二、确定了活动的指导思想和工作目标

（一）指导思想：以习近平新时代中国特色社会主义思想和习近平总书记关于文物工作系列重要论述为指导，全面贯彻党的十九大和十九届五中全会精神，坚持"政府主导、部门协作、社会参与"的文化遗产保护利用工作格局总要求，以建设华夏文明长廊为抓手，深入挖掘仰韶文化丰富内涵和时代价值，打造具有国际影响力的文化品牌，助力国家文化自信建设，加快三门峡打造华夏文明传承创新示范区、全国重要的区域性文化中心步伐，构建中原文化高地和全国知名旅游目的地。

第三章 纪念仰韶

（二）工作目标

1. 打造"华之根、夏之源"根亲文化品牌。强化以黄河中上游尤其是中原地区为中心区域、以黄帝铸鼎塬为核心的五千年"华夏根源"根亲民族意识，宣示黄河流域的仰韶文化—龙山文化—二里头文化的主根脉地位，彰显三门峡华夏文明的核心区位，推进文化繁荣和国际化进程。

2. 建立仰韶文化研究区域合作新机制。配合考古中国、中华文明探源工程、中原地区文明化进程研究等重大科研工程，总结交流仰韶文化发现一百年来的重要研究理论，共享中华文明探源和仰韶文化考古研究的重大新成果，进一步提升仰韶文化的历史和学术价值，牢固确立仰韶文化作为华夏文明主体的地位，激发全社会的民族自尊心、自信心和自豪感。

3. 探索文物保护利用改革和文明交流互鉴新途径。在考古科研工作的基础上，加强仰韶村、庙底沟和灵宝盆地大遗址片区文化遗产的保护利用，探讨交流仰韶文化研究成果和利用方向，为新时期文物保护利用和改革提供示范引领。

4. 实施文物保护综合治理工程，提升文化遗产保护水平。高标准建设仰韶村、庙底沟国家考古遗址公园和西坡遗址展示项目，优化文物保护基础设施，加强人才队伍、科研力量建设，推动文化遗产的保护、传承、利用，推动我市由文物资源大市向文化旅游强市转变。

三、确定了活动的主要内容

（一）举办国际性考古纪念大会

1. 仰韶文化发现一百周年暨中国考古学诞生一百周年纪念大会开幕式。2. 中国考古学会各专业委员会分会论坛。3. 庙底沟国家考古遗址公园及博物馆揭牌仪式。4. 仰韶村国家考古遗址公园揭牌仪式。5. 仰韶文化发现一百周年纪念邮票发行仪式。6. 仰韶文化核心区考古成果展观摩。7.《大仰韶》纪录片首映式。8. 仰韶文化国际研究中心揭牌。9. 灵宝西坡大房基保护工程现场展示。10. 豫西民俗文化及旅游采风活动。

（二）建成仰韶文化国际研究中心和文化创意产业园

与英国剑桥大学、中国社会科学院考古研究所共同成立"仰韶文化国际研究中心"。引导国内外科研行业人才，建立国际性学术研究平台。重点开展仰韶文化研究，定期举办论坛，开展仰韶文化对外交流传播；依托仰韶文化彩陶及三门峡地域特色

圣地百年——仰韶村遗址发现百年纪事

产业优势，规划建设文创园区。

（三）推进两大考古研究工程项目出成果

1. 配合国家文物局"考古中国"重大研究项目。继续加大对北阳平遗址、西坡遗址、庙底沟遗址、仰韶村遗址、五帝遗址、窑头遗址等仰韶文化遗址的勘探调查、考古发掘和研究，梳理三门峡史前聚落遗址资源分布情况，推动仰韶文化考古研究。

2. 配合河南省中原地区文明化进程研究工程。推进《灵宝西坡遗址发掘报告》《庙底沟遗址发掘报告》《灵宝盆地新石器时代仰韶文化遗址调查与研究》等仰韶文化考古专著编辑出版。成立沿黄地区仰韶文化核心区考古联盟，加强资源共享、信息共享，促进成果发布和成果转化，探索新形势下考古新途径，引领仰韶文化科学研究。

（四）组织好仰韶文化纪念宣传推广活动

1. 举办仰韶文化考古成果展。以弘扬仰韶文化核心区文明地位为主旨，展示核心区史前文明研究成果，重点展示仰韶文化考古成果。

2. 出版仰韶文化系列丛书。《仰韶文化研究系列丛刊》分为考古报告、研究专著、学术论文、文物及遗址图鉴五个专辑，由上海交通大学出版社、中国社会科学院考古所联合编撰。仰韶文化系列丛书，即安特生著作《黄土儿女》《中国史前史研究》译本以及《仰韶彩陶图谱》《圣地百年——仰韶村遗址发现百年纪事》等八部著作。

3. 发行"仰韶百年"纪念邮票。组织发行一套以仰韶彩陶和反映仰韶时代为内容的纪念邮票。

4. 拍摄一部电视纪录片。与中央广播电视总台合作拍摄《大仰韶》10集电视纪录片，系统梳理仰韶文化考古研究成果，揭示仰韶文化与大汶口文化、红山文化、良渚文化、龙山文化以及二里头文化等历史文化的渊源与关系。

（五）开工建设五项文物保护展示重点工程

1. 建成仰韶村国家考古遗址公园（详见本书相关内容）。

2. 建成庙底沟国家考古遗址公园。庙底沟国家考古遗址公园以遗址保护范围为核心，占地面积675.54亩，含遗址公园、博物馆、文创园三个部分，总投资8.9亿元。遗址公园占地517.26亩，博物馆占地94.87亩，文创园占地63.41亩，是一个融遗址保护、园林绿化、休闲娱乐为一体的城市遗址公园。共分四个区：位于庙底沟遗址公园西部的遗址博物馆区，以保存和展示遗址出土文物为主。位于公园北部的遗址保护区，主要是作为遗址的展示区和环境修复区，是以遗址展示为主要功能的区域。生态保育区位于庙底沟遗址的东部和西部，是两条沟壑庙底沟和此龙沟所在的区域，主要以植被种植、生态保育为主的区域。彩陶文博创意区位于庙底沟遗址的东北部，作为华夏文明的考古研究基地，是以揭示和广泛传播华夏文明的起源，系统而连续地开展中华文明探源工程研究的区域。

3. 建成开放庙底沟博物馆。庙底沟博物馆位于遗址西南部，建筑面积 19870 平方米，框架结构，地下一层，地上二层。地上 8320 平方米，地下 11550 平方米，建筑高度 12.9 米，工程造价 4.1 亿元。展览以"花开中国"为主题，站在历史的高度，以独特视角讲述庙底沟文化从哪里来到哪里去的发展历程，探寻华夏文明发展的主根脉，构建文化意义上"最早的中国"。通过追溯庙底沟文化的源头，展示以庙底沟遗址为主体的庙底沟文化内涵及其对周边地区的影响，通过对它的发展走向的探究展示，从而探寻华夏文明之源头，揭示庙底沟文化在"早期中国"形成中所处的地位和扮演的重要角色，彰显其在中华文明发展过程中的主根脉地位，以期增强对中华传统文化的认同，建立文化自信。展览以"花"为意向，具有三层含义：本意指繁衍之花，指花瓣纹，具有生命繁衍的意义，在生活器物上描绘出花的纹饰是一种对生命繁衍的美好寄托；引申之意指文化之花，即盛行花瓣纹的仰韶时代庙底沟文化，分布范围广，辐射影响大，似重瓣花朵般盛开在中国大地；终极意义指华夏之花，古汉语中"花"本作"华"，两者意义相通，故彩陶上的花瓣纹即是华夏民族的来源和文化基因。展览分为三个部分：第一部分"花之孕育"，主要展示庙底沟文化形成之前的社会面貌，揭示庙底沟文化的孕育过程，阐明仰韶中期的庙底沟文化是在经过前仰韶文化的长期积累、吸收仰韶文化早期关中、豫西和晋南地区不同文化精华的基础上酝酿而生成的。第二部分"花之绽放"，是展览的核心部分，主要展示距今 6000—5300 年庙底沟文化时期的社会面貌，通过生产生活、彩陶艺术以及它的传播扩散来诠释庙底沟文化的内涵和影响，描绘庙底沟时期的社会与文化景象，解构融合与统一的文明起源模式。第三部分"芳华未央"，主要展示庙底沟文化之后的发展走向问题，通过揭示仰韶文化西王村类型、庙底沟二期文化以及河南龙山文化的发展演变，最后形成以二里头文化为代表的文明核心，诞生了政治意义上"最早的中国"。

4. 完成渑池县仰韶文化博物馆展览提升工程。结合智慧博物馆建设，高标准做好仰韶文化博物馆陈展提升（详见本书相关内容）。

5.完成西坡遗址中心聚落（大房基）保护性展示工程。整治西坡遗址保护环境，完成核心区展示工程。

为了确保两个"一百周年"纪念活动有声有色、扎扎实实地向前推进，指挥部多次召开专家咨询和工作会议，听取上级有关部门领导和专家的意见。2020年6月30日，三门峡市政府邀请有关专家和部门在三门峡召开了"仰韶文化两个'一百周年'纪念活动筹备工作专家研讨会"。国家夏商周断代工程首席专家、北京大学博士生导师李伯谦，中国考古学会理事长、中国社会科学院学部委员王巍，河南省考古学会会长孙英民等都在会上提出了很多意见和建议。专家们认为：举办仰韶文化两个"一百周年"纪念活动是中国考古界乃至世界考古界的一件大事、喜事，特别是在黄河流域生态保护和高质量发展上升为国家战略的大背景下，纪念活动的意义显得尤为重要。要站在"华夏文明的第一缕曙光""华夏文明的主根和正脉"的高度，高规格、高层次办好纪念活动，切实讲好"仰韶故事"，进而讲好"黄河故事"，弘扬中华文明，彰显文化自信。2020年11月22日三门峡市委、市政府又在郑州召开的"双百周年纪念筹备工作第二次专家座谈会"（图27）上，邀请以上专家和承办、协办单位主要领导，就两个"一百周年"纪念和庆典活动的筹备方案再次征求意见和建议，并对活动方案进行细化，确保活动既要办得既轰轰烈烈，又要扎实实效。

图27　2020年11月22日在郑州召开的"双百周年纪念筹备工作第二次专家座谈会"

第四章　躬耕仰韶

文化是人类与自然和谐共生的文明载体，是人心凝聚和民族和谐的灵魂血脉，更是后人继承先人业绩，开创未来更加辉煌历史的宝贵财富。仰韶文化自发现和命名以来，犹如春风扑面，春雷炸响，为中华 5000 年文明敲开了大门，也为世界史前文明史增添了绚丽的篇章。

仰韶村遗址发掘和仰韶文化命名一百年来，仰韶文化故乡的人们珍惜它，呵护它，保护它，不仅使仰韶村遗址这块考古圣地完好如初，毫发未损，而且渑池人也紧随社会发展的脚步，在保护好这一宝贵的文化遗产的同时，每逢重要节日都会想起它，纪念它，不断给它注入新的生命和活力。特别是改革开放和仰韶文化发现 65 周年纪念活动以来，渑池人利用这个金字招牌，一张蓝图绘到底，代代传承创新篇。通过实施"文化强县"战略，着力打造文化名片，精心培育文化产业，不断提升全县人民的文化素质，培养全县人民的"仰韶情结"，辛勤浇灌，躬耕不止，使仰韶文化深入到全县的各个领域，家喻户晓，人人皆知，为渑池大地培育出了一朵朵美丽的仰韶文化之花。

1985 年以来，有关仰韶文化的开发和利用不断出新，步步提升。仰韶村遗址从之前的只有一块国保单位标志牌到建立仰韶文化纪念碑，到考古遗址公园建设；仰韶文化的展示利用，从 2011 年的博物馆建成开馆到 2021 年的展览提升；遗址本体从自然裸露到保护展示；博物馆的展示内容也从开馆时的就仰韶说仰韶提升到现在的从仰韶说她的时代；仰韶品牌的使用，从当初的仅限于地名、街道名等的命名到现在的工业、农业、旅游业、文化产业等产品的冠名；有关仰韶村遗址保护、研究和利用的机构也从 1985 年临时建立的仰韶文化旅游资源开发领导小组，到现在常设的中国社会科学院仰韶文化研究中心（渑池）、仰韶文化博物馆和仰韶考古遗址公园管理中心三个正式机构。现在，渑池县以"仰韶"命名和注册的地名、文化和工农业产品名已达 140 多种。从博物馆、考古遗址公园的命名到仰韶彩陶的创意、创新，从城市"仰韶大街"的名字到工业产品的品牌，从农产品冠名"仰韶"的启新到酒店仰韶餐具的普及使用，仰韶酒、仰韶杏、仰韶小米、仰韶柿饼……家喻户晓，誉满神州。可以说，仰韶之名遍布仰韶大地，仰韶之花在它的故乡绽放烂漫，锦绣遍地。仰韶文化，已成为渑池县经济和社会发展的"助推器"和"发动机"，是渑池对外宣传和使用的金字招牌。

第一节　仰韶村遗址保护规划

仰韶村遗址是我国第一次发现和发掘的新石器时代聚落遗址，是我国田野考古的发端地，也是 1961 年国务院公布的第一批全国重点文物保护单位，其重要价值在前面已有叙述，这里不再重复。60 年来，为了保护好这个重要遗址，各级政府和文物保护部门一直十分关注，且倾注了大量心血。除了前边所说的关于该遗址的发现、发掘和多次纪念活动外，关于大遗址的保护也经历了长期艰难的工作过程。从国家文物局到地方政府，从政府文物主管部门到遗址所在地的村民，都为遗址的保护作出了大量的工作。1921 年第一次发掘时，袁复礼绘制了第一张《仰韶村遗址地形图》。1963 年，河南省文物工作队孙传贤等人，到仰韶村遗址测绘出遗址平面图。1966 年，河南省文物工作队赵世纲、杨育彬等人到仰韶村调查，划出了重点文物保护区和一般文物保护区。改革开放以后，特别是从 1985 年举办的"纪念仰韶村遗址发现 65 周年"纪念活动开始，渑池县政府多次邀请国家、省、市有关专家到仰韶村遗址进行调查，先后制定了多项保护规划。但是，一直没有出台一个完整、科学、权威的保护规划。

2005 年，渑池县人民政府委托中国文化遗产研究院编制《仰韶村遗址保护规划》（以下简称《规划》），2009 年 3 月完成，当年获得国家文物局批复，2011 年河南省人民政府公布实施。

《规划》依据《中华人民共和国文物保护法》和大遗址保护的有关法律法规，分析了仰韶村遗址的文物本体保存、文物载体保存、可移动文物保存、管理、利用、交通等现状，指出了遗址当前在保护利用方面存在的主要问题：1. 保护区划问题。2004 年由河南省建设厅和河南省文物管理局联合签发的《河南省人民政府关于调整我省全国重点文物保护单位保护范围和建设控制地带的通知》（豫文物〔2004〕第 151 号）所公布的保护范围与建设控制地带的四至范围不符，不能满足文物保护需求。2. 文物本体保护问题。一是经过三次发掘的遗址虽然已经回填，但是有的由于水土流失已经变成沟壑而消失，如第一次发掘17个点中的第4、7和第14点；有的被村民住房所压，住房实际占用面积比发掘面积大得多，如第三次发掘点。二是暴露在外的遗存只做了一些简单的植物遮蔽，均没有有效的保护措施。3. 载体保护问题。仰韶村遗址边坡坡度较大，局部近似于直立，虽未发现新近整体失稳现象，但在降水、地震等因素影响下，不排除局部存在失稳的可能；由于遗址中心分布区缺乏有组织的排水系统，长期的地表径流冲刷，对遗址本体的影响较为严重，尤其在台地边缘地带，比如上述的位于台地边缘、第一次发掘的第4、7、14遗址点，由于水土流失，台地局部垮塌，现已基本消失。4. 刘果水库治理问题。由于水库常年存水，浸泡坡脚，不利于边坡稳定。在洪水或蓄水利用情况下，水库水位不断提升，浸泡、冲刷坡脚，会影响边坡稳定。5. 现有村庄对遗址的影响。居住在遗址上的仰韶村寺沟组和第七、八组的部分村民建房以及村民的生活、生产活动对遗址的保护不可避免地会造成一定的影响或破坏。6. 遗址的展示利用问题。遗址区的展示思路、路线、方式和方法以及服务设施均不能充分体现仰韶村遗址的重要价值。7. 考古发掘问题。自1921年第一次发掘以来，先后经过的三次发掘，总面积不到300平方米，遗址也没有经过全面的考古调查。对于一个总面积约40公顷的大遗址来说，都无法对遗址进行全面的诠释。8. 城市建设规划对遗址的影响。按照渑池县城总体发展规划，现在的县城要向北部（仰韶村遗址方向）扩展，城市建设即使不会占用遗址和遗址载体用地，但是在周边修建的建筑物、道路等也会对遗址的原真性环境景观造成污染、干扰和破坏。9. 保护与发展问题。按照可持续发展原则，当前和今后对遗址的保护、利用所采取的的一些措施，如何处理好长期保护和永久利用的关系，也是一个需要统筹考虑的问题。

根据有效保护和合理利用原则，针对以上存在的问题，《规划》提出了保护和利用的整体思路：一、原则：1. 保护仰韶村遗址本体及其环境的完整性。2. 保护遗址本体及其相关遗迹的真实性。3. 坚持统筹规划、综合整治、分步实施。4. 以保护为中心的综合协调。5. 坚持以人为本、社会和谐。二、目标：1. 实施整体有效保护和合理利用。2. 充分体现仰韶村遗址的文物价值和文化内涵，并完整传承下去。3. 注重遗址及其环境保护与当地城市发展和村民生产、生活的良性互动。三、对象：一是遗址范围内现存的已发掘遗址点、暴露在外的遗址点、地下遗存的可能分布的人类活动遗迹。二是遗址区有纪念意义的窑洞和古民居。三是承载遗址的台地。四是构成遗址的历史环境及其山形水势、地势地貌。四、对策：1. 统筹规划，注重整

圣地百年——仰韶村遗址发现百年纪事

体保护，谋求保护设施的有效性和实施的可操作性。2. 分析地质灾害成因，有针对性地制定应对措施。3. 对历史环境进行充分的研究界定，合理划分保护区。4. 挖掘利用潜力，制定合理的利用原则和思路。5. 确定管理机构职责，充分发挥其在保护利用工作中的职能作用。6. 加强安全防范、应急预警与检测管理措施，提升本体安全保障能力。五、时限：为 2025 年。分两期实施：近期 2009～2016 年，远期2016～2025 年。

根据以上原则和思路，《规划》提出了具体可行的保护和利用措施：第一，扩大保护区划。调整了豫文物〔2004〕第 151 号文件确定的保护范围：在重点保护范围保持不变的原则下，建立一般保护范围，扩展到东至庵礼村、庙西村，南至刘果水库南堤，西至渑仰公路刘果村，北至仰韶村以北。建设控制地带在一二类控制地带不变的情况下，将三类建设控制地带扩展到东至仰韶村遗址中心区以东约 1 公里处的县城至天坛一线的南北沟壑，南至连霍高速，西至县城至庄子、韩家坑公路，北至山神庙，总面积约 2545 公顷。其中保护范围 175 公顷，控制地带 2370 公顷。第二，强化保护措施。一是强调遗址本体必须原址保护，根据文物保护现状制定保护措施，确保遗址的长期安全稳定，尽可能真实、完整地展示遗址的形制特点。二是充分利用现行的科学和技术手段，采取多层次保护措施，防止人为和自然因素对遗址本体、可移动文物及其环境造成的破坏。三是最大限度地保护并体现承载遗址的文化内涵及其所在地的历史环境，保护蕴含历史文化信息的遗址点综合价值及其出土文物的信息资料的传承，合理调整现存遗址的利用功能，充分体现遗址的历史文化内涵，满足其社会教育需求。四是在加强对遗址及其可移动文物保护研究的基础上，加强日常管理机构建设，采取本体保护、灾害治理、环境保护、基础设施配套、排水和防洪设施建设等工程措施与遗址展示、日常监测和维护相结合的综合治理办法，满足遗址保护和利用的时代需求。第三，文物保护工程。在兼顾维修和开放、保护与展示、地面与基础设施配置、统筹安排、协调展开的方针指导下，坚持根据文物现状评估结果和破坏因素分析，制定保护措施，遵守不改变原来的建筑形制、结构、材料和工艺技术原则，严格遵守文物保护工程的工作程序，委托专业部门进行专项设计，设计方案必须符合各类工程的行业规范，依据程序审批后方可实施。必须采取谨慎态度，在保护措施方案或技术不成熟的情况下，首先考虑可逆性原则。工程所使用的新材料、新工艺，必须使用时，必须进行研讨和试验，未经国家技术鉴定，不得普遍使用。1. 文物本体保护工程。(1)第一次发掘的 17 个点，除个别消失或无法接近外，其余各点不得再进行耕作或植树，划定保护范围，编号并树立说明牌；第二次发掘点与第一次发掘点的第2、3、5、6遗址点距离很近，统一进行标识和立牌说明。如果资料条件允许，可将第一次发掘和第二次发掘的部分墓葬做原址地面模型展示。第三次发掘的遗址位于寺沟村民房下，建议将寺沟村整体搬迁后，找出发掘的遗址位置范围，进行地面标识说明。(2)暴露地表的遗址，主要防止雨水冲失、人为破坏、小环境破坏，可以继续使用在断面顶部种植浅根植物的保护办法，注意控制道路与遗址之间的距离，加强日常管理和维护。(3)文化层断面（包括除了现在展示的文化层之外有价值、可观性强的遗址断面），经科学检测和分析，制定合理、可逆性的保护方案，做好防渗加固处理，并设置跟踪安全检测系统，进行可观性展示。2.窑洞保护。由专业部门对窑洞所在区域进行建筑与土体稳定性评估，制定科学的保护维修方案，尽量保护其原真性。第四，地质灾害治理工程。在不得破坏遗址内文物本体的前提下，委托专业机构进行评估研究，对遗址的台地滑坡、小型崩塌等自然或人为造成的破坏实施有针对性的治理工程，防止水土流失造成的地质破坏。通过探井、钻探、测试、试验、计算等手段，评估遗址载体周围及内部的边坡稳定性。根据结果，有针对性地进行加固治理。第五，环境治理工程。为保护遗址安全性和完整性，整治保护范围内不协调景观和破坏因素，改善建设控制地带污染环境的厂矿企业，保持遗址环境的整体协调性；搬迁遗址区里的现住村民，对遗址建设控制地带内对遗址本体或环境造成破坏或有不利因素的建筑物和设施，应根据实际情况分批分期进行拆除或改建；建设控制地带内，不应再建设影响遗址安全和环境氛围、导致大量人流聚集与喧闹的大型建筑。第六，可移动文物保护。结合仰韶文化博物馆建设，建立文物库房，对遗址上可采捡到的文物（陶片、石器等），严禁不相关人员抠挖、乱捡，要有组织、有目的地进行采捡、收集，统一保管，并及时进行分类、鉴定和研究，以备展览使用。第七，基础设施建设。1.道路。利用现行的渑仰公路和即将开通的314省道，满足遗址的对外交通需求；内部交通要对现有的仰韶村至遗址中心的道路进行整改，作为遗址区主路；遗址内原来的田间小路，要提高道路标准，满足遗址保护与参观的需求；增修其他通往可观赏遗址点的步道。遗址区内所有步道要退让至遗址断面1米以外。2.停车场。结合博物馆建设，设置生态停车场。第八，给排水。遗址上的村民搬迁后，可利用村民原来使用的水井提供水源；雨水排放要有组织实施，必要时可结合边坡治理做专项设计；刘果水库按最大蓄水量和枯水季节两个指标进行专题研究，水库库尾与遗址南部断崖接触部分，要修筑防水加固设施，可以与参观步道结合，修筑观光岸堤。第九，展示与利用。仰韶村遗址的展示要以文物保护为前提，以发挥社会效益、促进社会效益与经济效益协调发展为目的，以遗址本体、载体和环境的历史原真性为依托，坚持科学、适度、持续、合理，坚持学术性与观赏性相结合，提倡公众参与，注意普及教育，在确保安全的前提下，全面真实地展示该遗址的本来面貌和文化内涵。展示的内容包括历次发掘纪念点、暴露在外的遗迹、窑洞和原始民居、自然原始的农耕田园风光、以及将要建成的仰韶文化博物馆展出的可移动文物。展示的方式一是原状展示，二是模拟展示，三是陈列展示，四是互动参与。除此以外，该《规划》还对遗址的日常管理问题也提出了具体的指导性意见。

应该说，这个《规划》既符合国家文物保护和大遗址保护的相关法律法规，又结合仰韶村遗址的现状实际，内容翔实，面面俱到，指导性准，操作性强，是仰韶村遗址发现和公布为全国重点文物保护单位以来制定的一个具有科学性、操作性、时效性、权威性的大遗址保护规划。遗憾的是，关于建设国家考古遗址公园的问题，由于当时国内文物理论界还存在很多争议，这个《规划》还没有用建设国家考古遗址公园的理念来提出规划设计（关于对《规划》的实施情况，见后面的《遗址公园》部分）。

第四章　躬耕仰韶

第二节　仰韶文化纪念碑

1985 年，纪念仰韶村遗址发现 65 周年学术讨论会召开以后，渑池县委县政府决定宣传和开发仰韶文化。也就是从这年开始，拉开了开发和利用仰韶文化资源的序幕。

在 1985 年纪念仰韶村遗址发现 65 周年学术讨论会召开之前的 1984 年 11 月，渑池县就成立了仰韶文化旅游资源开发领导小组，这是一个为迎接会议召开和解决相关问题的协调机构。到 1985 年，又正式成立了外事旅游接待办公室，负责仰韶文化旅游开发和宣传的日常事务。当时，由于思想认识和财力等因素的局限，为了筹集开发经费，县委县政府就采取发动全县干部、职工、企业捐资的方式筹集。还组织了文艺演出小分队到全县各乡镇、企业巡回演出，演出收入也用于旅游开发。当时，大家的月工资一般只有几十元，捐款的数量也都很少。从 10 元起捐，20 元、

30 元……不等，县直干部最多的捐 100 元，有的企业捐款可达到 1000 元或更多。这次捐款总额有 10 多万元。这笔筹集的资金主要用于重修古秦赵会盟台和仰韶村遗址仰韶文化纪念碑。除了重修古秦赵会盟台外，记得剩下的资金只有 4 万多元。由于资金很少，就决定先在仰韶村遗址上建一块纪念碑。为了保护遗址，纪念碑建在遗址外北边一个废弃的打麦场上（现在的仰韶文化博物馆所在地）。

纪念碑为正四方形，砖灰结构，外贴瓷片，自下而上有 4 级台阶底座，底座以上分三层。最上边的两层为仿古建筑的重檐四角攒尖式，通高近 4 米。碑的四面分别嵌入石灰石板，分别刻有袁复礼题写的"仰韶村文化遗址"、田昌五题写的"仰韶圣地，华夏之源"、张政烺题写的"华夏文明源远流长"、邹衡题写的"仰韶文化古代东方之花"等四幅书法作品（图 28）。

在纪念碑的后边，还竖有 10 块石碑。上边刻写着除纪念碑上的四幅书法作品外，还有著名考古学家严文明、安金槐、许顺湛、张文彬、杨育彬、书法家刘开渠等题写的有关纪念或研究仰韶文化的书法作品。

仰韶文化纪念碑于 2009 年在建设仰韶文化博物馆时，因博物馆也选址在同一地点，拆除了纪念碑，并将几块碑刻妥善保存。

图 28　仰韶文化纪念碑

第三节 黄土地里"长"出来的博物馆 ——仰韶文化博物馆速写

1921 年 10 月 27 日到 12 月 1 日，在我国豫西渑池县北部的一个小山村，瑞典地质学家安特生、中国地质学家袁复礼、加拿大人类学家步达生、奥地利古生物学家师丹斯基等几位中外学者，在这里发现并发掘了我国第一个新石器时期的古文化遗址。1923 年，由安特生撰写、袁复礼翻译的我国第一部田野考古报告《中华远古之文化》出版发行。从此，这个叫"仰韶"的小山村，一步步走向了世界；这种被命名为"仰韶文化"的新石器文化，一天天走进了人们的视野。从这里开始，在我国以黄河流域为主的北方 9 个省（区）的大地上，相继发现了 5000 多处这样的文化遗址，并先后有 200 多处被考古工作者发掘面世。这个庞大的古文化群体，前后相接，繁衍不断，以它势不可挡的强势孕育、衍生、繁荣、发展、滋养了中华文明源头的厚实根基，证明了我们中华民族至少已有 5000 年的文明发展史。岁月沧桑，山河依旧。一片片彩陶，一铲铲黄土，考古工作者筚路蓝缕、寻寻觅觅，在一个个重大考古发现的惊喜中，对仰韶产生了割舍不掉的情愫。子子孙孙，代代传承，当中华民族这个古老而年轻的民族，巍然屹立于世界东方的时候，一种与生俱来的血脉情缘，与仰韶文化建立了一种难以释怀的寻根之情。也是从这里开始，当年那些地质学家和生物学家蓦然转身，都成了硕果累累的考古学家并相继作古，成为当代考古人心仪永久的偶像；仰韶村遗址，不仅成为最早公布的我国第一批全国重点文物保护单位，这里也成了考古工作者的文化"圣地"；仰韶文化，不仅成为中华民族史前文明的代表之一，也成了中华文明探源的渊薮。

于是，人们都在盼望、期待着，仰韶村应该有一个满足人们怀念和"朝圣"的博物馆，庞大的仰韶文化家族应该有一个自己的"娘家"。

岁月，整整走过了 90 个春秋。

2011 年 11 月 6 日，在纪念仰韶文化发现 90 周年之际，仰韶文化博物馆正式开馆了。

这一天，按时令，本应是雪花飘舞的季节。而当天上午，当人们燃放了开馆的礼炮，并为先后参加过仰韶村遗址发掘的四位考古前辈：安特生、袁复礼、夏鼐、安志敏的铜像揭开大红蒙纱的时候，天下起了淅淅沥沥的雨。而中午过后，云开日出，艳阳高照，迎接着一股股前来参观的人流。

不知是人愿，还是天意？

让我们来揭开仰韶文化博物馆的面纱，向人们展示一下它的风采吧（图29）。

一、巧妙的选址——借势而立

渑池盆地位于河洛盆地西端，以中部的涧河为界，分别向南北两侧呈河谷平原—缓坡阶地—山前丘岭—山麓沟壑地貌延伸。仰韶村遗址位于渑池盆地北侧，其南边是涧河及缓坡阶地，海拔高度从河谷的500米，向北逐渐升高，到遗址边缘的南端，已达601.7米。遗址呈半岛台地式，其东西两边为雨水冲沟形成的自然河沟，到南端，在两条河交汇处，如今是一座一汪清水的水库。遗址总面积36万平方米，其地势由南向北，呈阶梯式逐步抬高，海拔高度也上升到647.7米。遗址自1961年3月4日被国务院公布为第一批全国重点文物保护单位以来，由于当地采取了许多有效的保护措施，其面貌基本没有变化，至今仍然是一片农田，田野风光依旧。到遗址北端，在遗址保护区的建设控制地带及其以远，是一块陡然抬高约6米的台地。跨过这块台地，就是仰韶村。村的北端地势继续升高，直到距仰韶村3公里左右，就是海拔高度为1426米的巍巍韶山。据村民介绍，仰韶村的名字就是抬头可望见韶山之意。仰韶文化博物馆的馆址就选在这块台地上。站在这里，向南可俯瞰遗址全貌，向北可仰望韶山。这个选址，既契合了仰韶地名的由来，又阐释了博物馆与遗址之间的关系。虽然，博物馆的建筑高度只有17米，但由于选址在高高的台地上，

图29　仰韶文化博物馆外景

在由县城北上的入馆道路上，放眼望去，半岛台地式的遗址被三面绿水环绕，郁郁葱葱，翠绿一片。博物馆突兀在青山绿野之间，巍然屹立，庄重大方。这种建筑与田野、与高山和村庄之间的相生相衬关系，处理得自然天成，层次分明，仿佛让它又回归到了大自然的怀抱，不禁使人体验到山水相依、物我相融、天人合一的亲切感受。

二、质朴的建筑——土中生出

仰韶文化博物馆由清华大学建筑学院设计，中国工程院院士、"梁思成建筑奖"和"全国工程设计大师"称号获得者关肇邺先生主持。设计者很好地熟悉和把握了博物馆所在地的自然环境和人文传统，贯穿了"师法自然""延续文脉"和"以人为本"的设计理念，提出了"仰韶文化博物馆应该是一座'从环境中生长出来'的建筑，契合内在的文化意蕴和外在的物质环境，体现此时此地此景，延续自仰韶文化以降，中国人对自然的热爱与不懈追求。同时，也体现了当代社会可持续发展要求"的设计思想。

正如前面所说，这一建筑不仅在选址定位上巧妙地贯彻了这一思想，而且，建筑本身也把这一思想体现得恰到好处。尽管建筑体量不高，但由于选址的地势所致，博物馆在外观环境上达到了低不掩野，高不遮山的视觉要求。加之整个博物馆建筑的外墙装饰色调，选用了和建筑所在地的环境土壤基本接近的黄土颜色，将建筑融入在自然之中，与大地浑然一体。仿佛这就是一座从黄土地里"长"出来的博物馆。众所周知，仰韶文化时期，以彩陶和红陶为主的各种陶器，是当时人们生产和生活的主要用具，是所有这类遗址出土数量最多的文物，当然也是这个博物馆陈列文物的主体。设计者充分考虑到让观众体会建筑与陈列器物之间的联想，确立了博物馆建筑造型的标志含义。同时，他们又根据博物馆是公众文化交流的场所这一功能，尽量让参观者入馆以后可以无障碍地进行交流和活动。通过几种抽象的几何造型，用斜面和斜线等元素，在博物馆建筑的入口处一侧设计了一个标志性的斜面筒形体量、以两片相互错动的弧形为墙体、以陶片的冰裂纹肌理作装饰的立体冥想空间，既明确地暗示出陶器的特征，又避免了给观众某种具象联想的表现提示。这个造型，从外看，斜面竖向贯穿在建筑正面一侧，以陶片冰裂纹镂空作装饰，给观众以充分的想象思考。而其内部则是一条螺旋式旋转而上的出口通道。走进其内，上可见天，下接黄土，给人一种接地通天、师法自然的无尽遐想。

走进博物馆，设计者并没有让观众直接进入展厅，而是引导观众走向展厅外侧的坡道式半开放引导长廊。在长廊一侧的墙壁上，设计者按照"容器出现的历史时期远近，以整个长墙的剖面表现了从当代的可口可乐瓶到仰韶文化时期的小口尖底瓶的发展历程"，使观众体验到时光倒流的感觉，置换出一种渐入佳境的心境。这种斜坡长廊式的通道，不仅与整个建筑和遗址走势一致，又给观众一种进入历史隧道的感受。斜坡道长墙和冥想空间的设计创意，让我们想起了老子在《道德经》第十一章所说的"埏埴以为器，当其无，有器之用。凿户牖以为室，当其无，有室之用。故有之以为利，无之以为用。"好一个"有之为利，无之为用"！这种虚实相间，有无相生的建筑构想，不能不让观众放开无边无尽的遐想空间。

三、灵活的陈列——以少胜多

如果说，当观众从仰韶村遗址北端的博物馆大门一直沿着与遗址地势相同的斜坡，从下而上一路走来，这条巧妙的参观路线并没有让观众直接进入展厅，而是走到了与建筑物相反方向的北入口。之后，当观众再沿着陈展路线，拾阶而行，又从上而下，最终走到一眼可见遗址的南门出口，是一种刻意的巧妙引导的话，那么这种一上一下，来自遗址，又回归到遗址的回归之感，更能让观众感受到博物馆与遗址之间不可割舍的亲缘关系。

2006年12月26日，在讨论仰韶文化博物馆建设规划时，谈到关于博物馆展示内容，中国社会科学院考古所副所长、我国新一代仰韶文化研究专家陈星灿先生提出了"讲好两个故事"的设想。即：仰韶文化博物馆的展示内容，一是要讲好安特生的故事，二是要讲好仰韶人的故事。陈先生的这个提议，得到了与会者的赞同。今天，仰韶文化博物馆的陈列布展就是以讲好这两个故事为主线的。

进入陈展大厅的前厅，映入观众眼帘的是一幅大型迎门浮雕——"文化圣地"。这幅雕塑长16.4米，高4.5米，以浅黄色砂岩为材料，用深浮雕的方法，以典型的人物活动场景和出土器物为素材，运用写实和形象的手法，再现了当年安特生等中外学者在仰韶村遗址第一次发掘时的场景，表现了仰韶先民们制陶、纺织、打猎、捕鱼、祭祀等生产、生活和礼仪的各种场面。这幅雕塑创意新颖，设计巧妙，主题鲜明，虚实相间，匠心独到，不仅对博物馆陈展内容进行了形象化的高度概括，又是对博物馆入门大厅的环境装饰，被观众誉为"一篇没有文字的《前言》"。

仰韶文化博物馆的陈展内容共分四个部分。第一部分：发现仰韶——安特生与仰韶遗址，用占全部展线三分之一的空间，讲述安特生的故事。从安特生应中国农商部邀请担任顾问开始，他在中国与中国学者们一起，在完成自己的本职工作——地质调查和找矿之余，在中国的辽宁、北京、河南、山西、甘肃等地进行考古调查，到仰韶村遗址的正式调查、发掘和《中华远古之文化》考古报告的出版，时间从 1918 年到 1926 年，安特生的脚步和故事贯穿始终。期间，与安特生共事的我国早一代考古和地质工作者翁文灏、丁文江、袁复礼、刘长山、夏鼐等人的一些工作和生活情景，都采用老照片、图版和实物相结合的形式布置出来。看后，不仅让观众感受到了真实和生动，更让人感受到在仰韶村遗址发现和发掘前后，中外学者在极端困难的情况下，在中国的大地上寻寻觅觅，拓荒垦殖的艰辛和执着。第二部分到第四部分，讲述仰韶人的故事，是这个展览的又一个主题。以仰韶村遗址的发现和发掘为起点，从 1921 年到 2011 年，在这整整 90 年的历程里，我国几代考古人，为探索中华文明的起源，为寻找中华民族之根，在黄河流域 9 个省区的大半个中国。高举"仰韶文化"这面响亮的旗帜，在时间从距今 7000 年到 5000 年的两千多年跨度内，先后发现了 5000 多处仰韶文化遗址，并对其中的 200 多处进行了发掘，取得了丰硕的考古成果。这些成果，用大量的遗迹和出土文物证明，仰韶文化时间跨度长，空间跨度广，前有渊源，后有传承，不仅是我国一支承前启后、继往开来、势头强劲的史前文明，而且在世界文明发展史和文化进化史上都是独一无二的。在这个时期内，仰韶先人们用勤劳的双手和聪明才智创造了辉煌的农业文明、手工业文明、礼制文明、城市文明等文明成果，已经构建了以农业经济为主、以王权政治为雏形、以聚落等级结构为框架、以等级社会为结构、以私有制为社会基础的文明社会，创造了灿烂的物质文明和精神文明，为中华文明的孕育和形成奠定了坚实的基础。

这部分展览，以出土文物为主，运用图版、数表和模拟场景等手段为辅助，向观众展示了仰韶文化时期我国各种文明元素孕育、成长和发展的过程，勾勒出了当时的社会全貌。同时，也展示了从袁复礼、李济等我国第一代考古工作者开始，到苏秉琦、安志敏、张忠培、严文明等我国又一代著名新石器时期考古学家在仰韶文化分布区域内艰辛工作的场景，以及 90 多年来关于仰韶文化的考古研究成果。

对于时空空间如此之大、要展示内容如此之多、涉及素材范围如此之广的陈列布展来说，其难度之大是可想而知的。对此，布展设计者巧妙地利用展厅由上而下行进的地势，将展厅纵向用台阶、横向用展墙分割成三个空间，并且在每一个空间里，除了以上所说的一些展品外，在选取的 30 多个已发掘过的仰韶文化典型遗址中，又选取了如西安半坡遗址、灵宝西坡遗址、郑州大河村遗址等，制作成模拟场景，再现了 5000 多年前仰韶人生产和生活的情景。运用这种接近自然的景观造型，使观众在参观获取知识性的同时，更增加了真实性和趣味性，不仅使展览显得生动、真实、有趣，又不给观众造成身体和视觉疲劳。尽管仰韶文化博物馆展出的文物不到 300 件，但由于运用了多种手段的展示方法和多场景转换的景观调度，展览真正起到以少胜多、见一斑而窥全豹的效果。当观众看完这个 3000 平方米的展厅后，产生一种一厅看了 2000 年、一步跨过 5000 岁的感觉。走出展厅，向南一望，遗址就在眼前，一片绿野，尽收眼底，禁不住释然一叹：不虚此行也！（本节原刊《中国文物报》2015 年 4 月 28 日 3 版）

第四节　博物馆"长"高

—— 从"文明曙光"到"仰韶时代"

仰韶文化博物馆是在纪念仰韶文化发现 90 周年时开馆的（见前述）。开馆以来，一直实行免费参观。10 多年来，先后共接待了国家、省、部级领导、各界观众以及仰韶文化研究和爱好者，涉及全国 31 个省市、自治区和瑞典、罗马尼亚、韩国等国内外观众 264 万人。更为博物馆添彩的是，博物馆建在遗址边上，在遗址核心区还有一处利用原来的梯田地堰修整加固展示的遗址文化层断面，作为博物馆的一个室外展廊。观众看了博物馆再看遗址断面遗迹展示，不仅丰富了观众的参观内容，提高了观众的参观兴趣，更给观众增加了真实的现场感觉，受到了各界观众的一致好评。

仰韶文化博物馆的第一次陈列以"华夏文明曙光"为题目，共分四个部分（详见前述）：1. 安特生和仰韶村的故事。2. 仰韶村的第二、三次发掘。3. 仰韶文化的类型与分布。4. 仰韶文化的社会与生活。应该说这个展览以仰韶村和仰韶文化为主题，以安特生的故事为导引，比较全面系统地讲述了安特生的故事和仰韶人的故事，作为在仰韶文化发现和命名地建立的首个专题仰韶文化博物馆，可以说实至名归，恰如其分，既接地气，又接时空，是一个很不错的专题展览。开馆 10 年，受到观众的喜爱是理所当然的。2020 年 12 月 11 日，仰韶文化博物馆被中国博物馆协会核定公布为国家三级博物馆。

但是，也不可能否认，由于当时为了赶在90周年纪念活动时开馆，又加上场地小、时间紧、经费少，仰韶文化博物馆的第一次陈列也存在不少缺陷：一是内容涵盖范围小，陈展理念起点低。仅从安特生说仰韶，只站在仰韶村说仰韶。二是展厅面积较小，只有1200多平方米。三是展出文物较少，只有263件，且大部分是渑池和三门峡地区相关遗址出土的仰韶文化文物，代表性和观赏性不强。四是设计布展和场景表现方式比较传统，新技术、新材料应用不够。

随着最近10年各地仰韶文化的考古新发现不断出现，研究成果不断刷新，关于国家和文明起源的研究与仰韶文化的关系越来越缘不可分，特别是自2011年以来，仰韶是一个时代的观点已经成为考古学界的基本共识。作为一个以仰韶文化为专题陈列的博物馆，又适逢"两个一百年"佳期，它的陈列从内容到形式，从文物数量到陈列水平，已经不能适应形势的需要，急需对博物馆的陈列进行改造提升。

仰韶文化博物馆第二次陈展提升的内容大纲由中国社会科学院考古研究所李新伟博士主持制定，以"仰韶和她的时代"为题目。该大纲站在当前仰韶文化研究的新高度，以最新的学术研究成果为基础，以宏大的视野展示仰韶村遗址和仰韶文化的重要意义，旨在建设全国知名专题博物馆，强力打造仰韶文化品牌，提升渑池仰韶文化软实力。展览围绕四个要点展开：第一，仰韶是中国考古学的诞生之地，是中国考古学家心中的圣地。第二，仰韶文化高度发展，成为中国华文明的主要根系。第三，仰韶文化在中华文明多元一体格局形成中发挥了核心作用。第四，仰韶文化掀起的彩陶艺术浪潮奠定了以"彩陶之路"为标志的中西文化早期交流的基础。展览充分利用现有文物资源，整合多种展览手段，兼顾学术性与观赏性，讲好仰韶故事，服务当代文化建设，为打造河南"中原文化"高地提供支撑。以此为据，展览共分为四个部分。

第一部分：仰韶：中国考古学的圣地。如果说第一次陈列是从安特生、刘长山到仰韶村调查发掘的故事开始，那么第二次陈列则是从安特生为什么会有这些行为的时代背景开始，介绍了安特生在仰韶村的调查和发掘等事实，是在当时从孙中山提出"五族共和"到五四新文化运动，到顾颉刚的"古史辨"，到时代对现代考古学的呼唤等背景下发生的。以此为背景，不仅奠定了仰韶村作为中国考古学圣地的地位，而且其后的第二、三次发掘也都是在我国社会发生重大转折时期的背景下进行的。如此讲述，把中国考古学的诞生放在广阔的社会背景下来考量，站位高，起点高，使仰韶村作为中国考古学的诞生地不仅具有时代价值，更深化了仰韶文化发现和发掘的意义：仰韶村的发掘标志着现代考古学的诞生，开启了以科学方法探索和重建中国古史的历程。仰韶文化是第一个依据坚实的考古资料命名的中国史前文化，第一次证明中国在夏商周三代之前，就有了更早的灿烂文化，引发了对中国文明起源的热烈讨论，激励了我国第一代考古学家走向田野，开始了一系列对中国考古学的发展具有重要意义的发掘，开始以考古资料搭建中国文明的史前基础。

第二部分：仰韶文化：黄土的儿女。仰韶文化分布面积广大，遍及整个黄土高原地区，是中国史前分布范围最大的考古学文化。从这个意义上讲，仰韶先民就是黄土的儿女。这一部分以黄土高原地区已经发现的仰韶文化分布的地图为背景，展开了一个个仰韶先民生产、生活的场景。从生活用品、生产工具、居住的房屋，到生业发展和艺术生产，从灵宝西坡的大房子、大墓和超百万平方米的遗址；到仰韶文化时期的萨满仪式、彩陶纹饰舞蹈、鹳鱼石斧图；从豫晋陕黄河金三角地区密集的仰韶聚落遗址到黄河流域古国的形成，无不昭示着这个时期一个呈现文明曙光的中华文明开创时期的文化浪潮已经蔓延在中华大地。

第三部分：仰韶文化和"最初的中国"。仰韶文化中期，中国的史前文化进入了灿烂的转折期，以仰韶文化庙底沟类型为代表的发展实现了跨越式发展，"最初的中国"开始形成。庙底沟风格的彩陶成为最亮丽的文化符号。北到河套地区，南到长江，东到大海，西到河西走廊，均出现庙底沟文化的身影。与此同时，中国其他各主要文化区也发生着同样的激烈变化。在这一部分，展览选取了安徽含山凌家滩遗址、江苏张家港东山村遗址、辽宁牛河梁遗址、山东大汶口遗址等地出土的代表性文物，说明在仰韶文化的庙底沟时期，这些地区的文化面貌也都发生着跨越式发展，都进入了文化的转折时期。不仅各自文化的发展如此，而且它们之间的相互交流与作用反作用，比如，相隔千里的红山文化和凌家滩文化的远距离交流，也加速了社会的进步与发展。这些不仅说明仰韶文化在各地区一体化进程中发挥了核心作用，也标志着苏秉琦先生在《关于重建中国史前史的思考》描述的"共识的中国"的形成。

第四部分：世界的仰韶。仰韶文化庙底沟类型发展到后期，传播到黄土高原的西部。绚丽多彩的马家窑文化成为它的继承者。而马家窑文化再向西，与欧洲东部黑海地区的特里波利文化具有很多相似之处。彩陶上的弧线三角纹、平行线纹、花瓣纹、月牙纹、大三角纹等等，具有极其相近的一致性。这一部分，用对比的方法，从纹饰到器形，以庙底沟彩陶、马家窑彩陶与特里波利彩陶诸多相似的彩陶纹饰为主线，经过比对，得出了"覆盖了整个黄土高原地带的仰韶文化在沟通欧亚大陆东西交流方面开启了先河，各种证据表明，在青铜之路和丝绸之路之前，很可能存在着彩陶之路"。从这个意义上说，仰韶文化既是中国的，也是世界的。

根据这个大纲，这次陈列升级的形式设计不仅在内容上提升了仰韶文化博物馆陈列的站位高度，扩大了视野，而且在形式上大胆创新，充分利用当前博物馆陈列使用的新技术、新方法、新材料对展览进行创新改造，使这次的提升出现了一副全新的面容。加上展出的文物数量上从 200 多件增加到近 400 件，质量上也尽可能选取有代表性的展品，场景展示也与考古遗址公园相结合，到到了室内展示与室外现场展示的有机结合，真正使博物馆在原来的基础上"长"高了不少。

与此同时，这次提升对原来遗址中心的遗址断面展示也进行了改造升级：首先对上边的常年渗水地面进行了隔水处理，切断了渗水对遗址断面展示效果的损毁和影响，对遗址剖面已经风化脱落的断面进行了加固，对遗址文化层进行重新刮剥显露，展示方法和解释说明更加通俗易懂，使原来比较深奥难懂的展示变得更具有可读性和可看性。

第五节　遗址公园

前边说到，在纪念仰韶文化发现 80 周年大会上，安志敏先生在发言中曾经提出过两个建议：一是建仰韶文化博物馆。二是建仰韶村考古遗址公园。这两个建议，在纪念仰韶文化发现 90 周年时，已经实现了第一个——仰韶文化博物馆建成开馆了。第二个建议，在纪念仰韶文化发现 100 周年时，也已成为现实。

《仰韶村国家考古遗址公园规划》（以下简称《规划》）由山西省文物考古研究所与河南省文物考古研究院联合委托北京国文琰文物保护发展有限公司于 2017 年 6 月完成，2017 年 12 月 3 日，被国家文物局批准立项。《仰韶村国家考古遗址公园施工设计》也由建设方委托该单位完成（以下简称《施工设计》）。

这个《规划》和《施工设计》以《中华人民共和国文物保护法》和国家文物局批复的《仰韶村遗址保护规划》为依据，在严格保护仰韶村遗址的遗存本体、历史环境格局及完整的自然地形地貌的基础上，通过恰当的展示方式向公众准确、充分地阐释与展示仰韶村遗址的价值，保护和营造遗址生态景观环境，将遗址公园融入渑池县城绿地系统，打造集遗址保护、考古研究、科普教育、生态环境保护、公众游憩为一体的仰韶文化考古遗址公园。

遗址保护是公园规划和建设的基础。《规划》强调对遗址真实性、完整性的保护，严格保护仰韶村遗址的遗存本体与历史环境格局。所有保护与展示利用工程严格遵循"整体保护，最小干预"的原则，且具有可逆性。在科学价值上，按照"考古先行，加强研究"的原则，不断深化对仰韶村遗址核心价值的认识，采取多手段多方法进行展示与阐释，突出遗址的价值内涵，构建完整的价值阐释体系。

公园规划范围西以渑仰公路与遗址保护范围西边界为界，东至经十路、北至纬八路（规划中）、南以遗址保护范围南边界为界，总面积约 189.89 公顷，共有六大功能分区（图 30）。

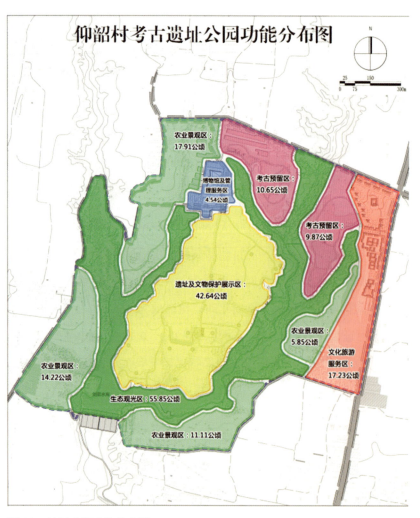

图 30　遗址公园功能分布图

1. 遗址及文物保护展示区：展示遗址遗存、遗址发掘历史，展现仰韶村遗址价值、宣传仰韶文化。

2. 博物馆及管理服务区：主要陈列展示出土文物并为游客提供游览服务，包括仰韶文化博物馆、游客服务中心、韶源文化广场。对博物馆东侧村庄后搬迁后场地作为游客服务中心和韶乐文化广场用地。

3. 考古预留区：分为两片，一片位于仰韶文化博物馆东侧（遗址台地北侧）；一片位于文化旅游服务区东侧（遗址台地东北侧）。现状为耕地和少量村庄，未进行任何考古工作，暂时作为考古预留区，暂时种植花木保护下来，待下一步考古工作进行后再作规划。对博物馆东侧考古预留区内废弃窑洞和农户住宅经修缮加固后作为模拟考古及彩陶体验场所对外开放，丰富游客游览体验。

4. 农业景观区：公园规划范围内台地周围分布有大片的耕地，对这些耕地进行保留并确保在文化层以上表层耕作，并根据农作物的生长周期和作物颜色，选取经济价值较高的作物，配置色彩及形态优美的农业景观。采取体验式的展示方式，展示内容为经济型观赏型农业景观。

5. 文化旅游服务区：位于经十路西侧，围绕仰韶文化主题提供游园配套服务、文化体验活动、文创产品展销等服务。随着城市空间向北拓展，届时考古遗址公园融入城区，可在文化旅游服务区设置文化演艺广场，集休憩集散、文化展示、文艺演出平台等功能，为游客提供休闲娱乐的公共空间，丰富精神文化生活。

6. 生态景观区：采取体验式的展示方式，展示内容包括遗址的山形水势、台地两侧冲沟底部林地景观。以展现刘果水库水体景观、冲沟地貌景观、沟底自然林地景观为主题，兼具保护自然环境和游览观光体验的功能。

可以说，这个《规划》既遵循《仰韶村遗址保护规划》，同时在不少地方由于置入了考古遗址公园的理念，又有突破和提升，其实际操作性、观赏性和休闲性更强。

《施工设计》也按照《规划》内容，并结合仰韶村国家考古遗址公园的性质和现场实际情况，围绕仰韶村遗址"考古圣地"的特性，突出纪念性；根据遗址所在地的环境特点，诠释"郊野性"；按照文化主题公园的功能，强调"公共性"。

一、纪念性——留住永久的记忆

仰韶村遗址是中国田野考古学的诞生地，被誉为中国考古学的圣地。从 1921

年的第一次发掘到 1981 年的第三次发掘，不仅基本弄清了遗址的文化内涵，而且也代表着我国田野考古学发展的具有时代特征的几个历史阶段：第一次发掘是在五四运动之后。第二次发掘是在新中国刚刚建立不久。第三次发掘是在改革开放以后。这三次发掘，时间上正巧都是相隔 30 年，也是我国政治和思想解放具有代表性的历史时期。第四次发掘始于 2020 年，是为了配合遗址公园建设而进行的。总之，在考古遗址公园建设中，向公众展示出这四次具有学术价值和历史意义的发掘，不仅是公园建设的必有内容，也是向公众普及和宣传我国考古事业发展的现场实践。

前三次发掘纪念点都以场景雕塑的形式展示。雕塑邀请清华大学美术学院雕塑系教授、著名雕塑家、陶艺家杜宏宇教授主持设计。设计以三次发掘的历史资料为依据，以每一次发掘的参加者、确认的文化内涵和出土文物为主体，一处一种样式，一点一种风格。

第一纪念点，题名为"中国田野考古第一坑"。这是当年安特生、袁复礼等发掘的 17 个点的第一个，是按照当年标注的坐标位置确定的。雕塑以安特生、袁复礼的资料照片为原型，安特生站立在发掘坑的旁边，注视着发掘现场。他的左边是正在画图的袁复礼，右边是参与发掘的一位外国学者。发掘坑里是三个正在挖土的当地村民，是参照同时期参加发掘者的照片设计的（据有关资料记载，当时发掘时都是雇佣当地的村民挖掘的）。村民的服饰，也是根据仰韶文化博物馆展出的当年的村民照片上的服饰，他们使用的工具也是当地传统的农具和安特生带来的发掘工具。这组人物的背后，是一面高 4 米、宽 20 米的背景墙。背景墙以韶山的主峰曲线为造型，寓意着这次发掘就是在韶山脚下的这个小山村进行的。正面以浮雕形式在中间用一条河流贯穿全图，象征着仰韶文化繁衍的历史长河。河流两旁有表现仰韶先民生产生活场景，有仰韶文化代表性遗址出土的彩陶。在背景墙的左边是关于第一次发掘的文字介绍。整个场景，有动有静，有虚有实，有山有水，有发掘现场，有出土器物，动静结合，虚实相间，文图结合，既复原了当年发掘的历史场景，又解读了仰韶村遗址第一次发掘的历史意义（图 31）。

据夏鼐先生回忆，他们在 1951 年夏天来到仰韶村遗址后，发现了很多暴露在外边的遗址断面，他们拿当年安特生发掘时测绘的图纸在现场进行比对（见前述），决定在遗址的中心区开展工作。这次发掘的参加人，除了夏鼐外，还有安志敏、王仲殊、马得志等。这次发掘的主要收获是证明了仰韶村遗址不只是当年安特生认定的只有一种仰韶文化，而是包含有仰韶和龙山两种文化。根据这些事实，第二次发掘纪念点的场景设计，参照夏鼐、安志敏、王仲殊三人的资料照片（马得志照片找不到），设计了他们三人在观看陶片、进行讨论时的场景。简易的桌子上摆放着仰韶和龙山两种文化的陶片、陶器，人物背后是《中华远古之文化》等书本的造型和文字介绍。人物、器物和书本，构建了一个氛围很浓的考古学术研讨情景（图32）。

仰韶村遗址的第三次发掘除了再次证明该遗址的文化内涵具有仰韶和龙山两种文化以外，还排列出了这两种史前文化的时代关系。出土的月牙纹彩陶罐是这次发掘的代表性器物，也是该遗址历次发掘所得到的唯一一件完整器物。这个纪念点的场景雕塑采用具象与抽象相结合的手法，用发掘手铲和月牙纹彩陶罐组合成一个场景。在这里，发掘铲和彩陶罐都做放大处理，手铲斜插在土里，月牙纹彩陶罐半掩在土里，两种田野考古的主要元素组合形成了较强的视觉冲击（图33）。

图31　仰韶村遗址第一次发掘纪念点场景雕塑设计图

图32　仰韶村遗址第二次发掘纪念点场景雕塑设计图（2）

第四章

躬耕仰韶

图 33　仰韶村遗址第三次发掘纪念点场景雕塑设计图

第四次发掘纪念点。到目前为止，仰韶村遗址第四次发掘共发现有房址、墓葬、灰坑葬、窖穴、灰坑、灰沟、道路等类型丰富的各种遗迹。发掘结束后，将从这次发掘过的遗址中有选择地保留几处有代表性和可看性的遗迹点，原地、原状进行了保护性展示。

除了四次发掘点不同形式的纪念性展示以外，整个遗址及其台地载体、遗址的地势地貌、安特生、袁复礼和夏鼐等当年来发掘时走过的小路，安特生、袁复礼等当年住过的小院，寺沟古村的老房子和窑洞，遗址区所有土崖上由于自然崩塌裸露的文化层也都原状保留下来。让人们不仅会勾起对 100 年来历次发掘的记忆，也会联想到仰韶村遗址形成时的状态。

二、郊野性——浪漫的郊野情趣

仰韶村考古遗址因为远离城市，处在荒郊田野，公园的建设当然要区别于城市考古遗址公园，从规划到建设尽可能突出它的郊野特性，打造出一个具有浪漫色彩的郊野考古遗址公园。

保持了遗址的历史地貌和环境格局。仰韶村遗址的东、南、西三面是深沟，其深度达二三十米，是历史上逐渐形成的自然洪水冲沟。沟崖断面上层次分明的第三纪红土和第四季黄土裸露明显，颜色分明，纹理清晰。此外，仰韶村遗址除了三面环沟以外，它自身的形状是一个北高南低、中间高两边低的"鱼脊"形状。这是一种我国从黄土高原向华北平原过度地区特有的地貌特征。公园建设中对这些地貌都没有进行任何干涉，全部按原状保留了下来。公园主路就在中轴线的"鱼脊"上，游客既可以沿着中轴线从北向南，从高到低，缓步浏览，也可以沿着公园两边沟沿铺设的木栈道向对面边走边看，将这些黄土高原地区独有的地貌特征尽收眼底。既可以观看变化丰富的地形地貌景观，又可以领略沟崖上下优美的自然景观。

保持了遗址自然形成的植被风格。在仰韶村遗址台地东、南、西三面的深沟沟底是多年的天然野生林，林下是自然生长的茂密野草。在遗址本体的台地上除了公园建设规划建设的道路、纪念点、花卉园和原始村落、窑洞等以外，大部分空间是原来农民的庄稼地和田间小路。公园建设时，将大部分保留原来的耕地，在确保在文化层以上表层耕作的前提下，以种植仰韶时期的粟、黍类农作物为主，并根据农作物的生长周期和作物颜色，选取经济价值较高的作物，配置色彩及形态优美的北方地区常见的"五谷"农业景观，以体验式的方法进行展示方式。同时，在东沟、西沟沿边分别铺设了人行步道。步道采用木栈道形式，让游客尽情体会穿越密林草地的游赏之感。在景观营造方面，冲沟沟底现有密林成组成片，各组各片之间也有视野豁然开朗的成片草地，通过步道连接开敞草地和间杂的密林，在密林地块打造出高耸林木与低矮观赏花卉相结合的景观氛围，在开阔地块打造出成片花卉景观，营造步移景异、景观变幻的多层次景观空间。让游客最大限度地接触自然环境。营造一种密林漫步、观光与休憩结合的田野情趣。同时，步道沿途设置了休息区，配以座凳、垃圾桶、标识牌等服务设施，为游客进行徒步旅行、游览观光、野餐等活动提供相应服务。

保持了仰韶先民的亲水情感。在仰韶村遗址的最南端，是一个水库。由于多年干旱，库水已干枯。这次在建设仰韶村考古遗址公园时，为了复原出当年仰韶先民在聚落选址时，近水而居的生产生活情景和亲水情感。渑池县政府采取措施，从远处引水注入水库，在保证不浸蚀遗址台地的前提下，控制水位并保持常年不断。在水库与台地接触的沿途修建了一条护坡滨水步道，步道的一边是遗址台地断崖和茂密的高树矮草，一边是沿岸高杨垂柳和碧波荡漾。游客徜徉其中，不仅可以享受水陆相依的自然感受，还可以体验当年仰韶先民的生活情境。

三、公共性——公众教育的乐园

作为考古遗址公园的建设，在充分体现它的考古和遗址两大功能外，也要充分考虑它的公园功能。仰韶村考古遗址公园的价值和功能表达既要建立在对遗址文化内涵充分挖掘与尊重的基础上，同时考虑它的环境与景观特质等特点，将遗址与场地关系演绎作为烘托和承载仰韶村遗址蕴含文化的关键，通过挖掘遗址的文物价值、社会价值，结合考古研究工作的成果，将不可移动的遗存、可移动文物以及遗址独有的景观特质等物质载体通过有效的展示方式传达给公众，使这里成为一个既能够让游客感受到仰韶文化的浓郁氛围和对纪念圣地的尊严崇敬，也能体验到一个文化公园宽松、休闲、寓教于乐的情感享受。

为了让仰韶村考古遗址公园达到既有纪念性和郊野性，又尽可能让不同年龄段和文化层次的游客在游园时轻松快乐地感受到充满仰韶文化元素的情感体验，公园在入口处就以一条长 88 米、高 1.5 米，以仰韶彩陶元素符号为主题的文化墙，顺路而建，引导游客进入园区。

在公园内除了参观博物馆、四次发掘纪念点和观赏花木以外，还建有三个文化广场和五个观赏参与园。

三个文化广场分别是韶源、韶乐、韶华广场。韶源广场寓意为仰韶文化是中华文明之源，位于仰韶文化博物馆正前方，是一个抽象创意性文化广场。广场中央用虚拟的手法，以线条结构的造型方式做了一个大型小口尖底瓶的造型，倒放在广场上，瓶口对着博物馆大门，南北对置，与博物馆上下呼应。韶乐广场借舜帝在韶山演奏韶乐的传说，在公园的最北端搭建了一个可供演艺使用的舞台和看台，旁边安放一组舞蹈场景雕塑。这里既是公园的一个游客出入口疏散地，又可作为日常或庆典使用的表演场地。韶华广场位于公园南部的遗址展示走廊外边，以仰韶文化庙底沟类型的花瓣纹饰彩陶盆为主景，在广场中间用虚拟线条方式做成一个仰韶文化庙底沟类型的大型花瓣纹彩陶盆造型，高高竖立在广场中间，象征着仰韶文化之"花"开遍中州大地（图 34）。北面是一排寺沟村民拆迁后留下的窑洞，在绿树掩映的环境中，窑洞、遗址和彩陶盆禁不住会让游客的怀旧情绪油然而生。

五个观赏参与园分别是：1. 考古展示园。在考古预留区。以第一次发掘纪念点的雕塑场景为主，旁边是一个月牙纹彩陶盆造型的观景台，站在观景台上可以俯瞰整个考古预留区种植的各种花木和植草造型小景，周围是以彩陶红颜色陶砖垒砌的梯田式地台。2. 仰韶陶醉园。在公园南部的韶华广场北部。这里的梯田断壁上保存有一个仰韶时期的陶窑遗址，在陶窑遗址旁边，安装了一组制陶的场景雕塑。场景里有制坯的、画彩的、烧窑的，栩栩如生地再现出仰韶先民制作彩陶的景象。3. 仰

图 34　遗址公园里韶华广场的"花开中国"景观

韶聚落园。在第三次发掘纪念点，也就是寺沟村民搬迁后留下的原址上，按照仰韶文化时期半地穴或平房的样式，模拟建造一个有中心广场的聚落村庄，在广场四周安放几组收获、渔猎、聚落生活等仰韶先民生产、生活的场景雕塑。这些场景与模拟房一起，构成了一个生动活泼的史前"仰韶村"，给游客一种身临其境的感受。4.考古体验园。位于公园东南部的寺沟古村。在这里以原来寺沟古村背靠的断崖上裸露的文化层为背景，以保护性、艺术性、历史性、体验性、纪念性、教育性、唯一性、未来性为设计理念，在保护原来古村留下的古树、古井、老房子不变的情况下，从园区出入口开始，建造和复原了仰韶原点广场、石井亭、七星考古长廊台、观景台、仰韶音乐广场、考古展览馆、考古文化墙、考古体验馆、考古体验区、第一、二次考古队员纪念馆和休憩区等丰富的考古体验和观赏休闲设施。在这里，游客既可以看到断崖上清晰丰富的遗址文化层、参观有关考古的知识展示，学到考古专业的基本知识，又可亲身体验考古实践的快乐。5.仰韶水乐园。在遗址最南端，也就是遗址与水库连接的北岸，游客沿着长达近千米的护岸步道，可以近看一边的遗址断崖，一边的杨柳碧波；远看对岸的黄土沟坡，既可感受到仰韶村遗址的原始环境风貌，又可联想到仰韶先民近水而居、渔猎和农耕的原始生活情景。

第六节　彩陶活了

　　行走在仰韶文化的故乡——渑池大地上，一阵阵扑面而来的仰韶文化气息令人陶醉不已，让人流连忘返。博物馆的大门口、机关办公楼的门前、公园的步道上，一件件仰韶文化创意彩陶沐浴在秋风中，亮彩在阳光下，到处都闪耀着仰韶文化厚重久远的身影。驻足欣赏着这些彩陶景观系列文化创意产品，7000年前的时空瞬间扑面而来，耳旁仿佛传来仰韶先民们劳作的笑语和喜悦的欢腾。

　　彩陶，不仅唤醒了遥远的记忆，也扮靓了渑池大地。这些沟通历史、连接当代的美丽景象都出自渑池的河南彩陶科技开发有限公司。

　　走进河南彩陶科技开发有限公司的院子里，从工坊里琳琅满目的各种复仿制彩陶产品，到院子里摆放的一件件城市景观彩陶，溯步而行，堆放在院子后边的一堆黄土和正在捶炼的坯泥引起了我的遐想。原来，这些典雅靓丽的彩陶就是出自这一堆黄土。它们来自大地，炼泥成型，淬火成器，穿越了7000年的时空，走进了当代人生活，为今天人们的生活增添了色彩，也唤醒了人们的记忆。

一、彩陶之"彩"

　　仰韶文化早期的彩陶，颜色多以红底黑彩或紫色为主；中期开始流行先以白色、红色为底色，然后再加以黑色、棕色、红色的纹饰。其图形主要有人面、鱼、蛙、植物等远古时期人们经常接触的动植物和抽象的几何形，如三角形、圆形等为主。除此以外，圆点、曲线、涡纹、弧线和一定数量的刻划符号等也常见。

　　仰韶文化的彩陶艺术以庙底沟和马家窑类型彩陶为代表，它们既是彩陶艺术达到顶峰时期的代表，也是整个仰韶文化彩陶的杰作。其中的庙底沟彩陶不仅色彩绚丽、纹饰精美、图案精巧、器形优美匀称，艺术境界高雅，而且传播广远，北到河套地区，南过长江，东到大海，西至河西走廊，独特的时代与地域风格、不同的审美信仰和风俗，见证了中华民族史前人类心灵的交融和民族大融合，被称为中国史前艺术的第一次浪潮。

二、让彩陶"活"起来

渑池，是仰韶文化的故乡。也许是家乡人怀念 7000 年前仰韶祖先的地缘亲情，也许是他们看到了仰韶文化彩陶蕴含的艺术魅力，从 2005 开始，渑池的一些民间艺人就开始研究琢磨复制或仿制仰韶文化彩陶，用传统的仰韶彩陶制作技术，唤醒这些沉睡几千年的艺术瑰宝。他们先从本地仰韶村遗址出土的彩陶开始考察，辗转走访，几乎走遍了全国仰韶文化各种类型的所有代表性遗址和博物馆，向当地民间艺人和研究学者请教彩陶的制作工艺，以及不同文化类型的彩陶造型和色彩变化，学习各种不同类型仰韶文化彩陶的地方特点和制作工艺。初步掌握了其中基本的有关方法和技术以后，又开始寻找制作彩陶的原料。从黄河岸边冲积沉淀的澄泥，到埋藏在地下或裸露在断壁上的古红土，每一处土样，都要做一次实验。从对土样的选土、配土、研细、沉淀、过滤到成泥后的拉坯、成型、修复、晾干、构图、施彩，再到装窑、控火、烧制，一件彩陶前后要经过 30 多道工序。颜料也只能用黑、白、红三色，而且必须是天然的矿物质。为了寻找合适的颜料，他们走遍了周边的大山深沟，如大海捞针一样去茫无边际的寻找，再拿回家做实验。就这样一处处采原料，一遍遍做试验；一次次烧制，又一次次失败。哪怕是装一次窑仅出一件成品，他们都高兴得喜形于色，欢庆祝贺。经过了无数次的失败，终于获得了成功。直到熟练掌握仰韶文化各种彩陶的制作工艺，才大胆开始批量地生产。

河南仰韶科技开发有限公司总经理刘新安是一个深山区的农民，他先是从做澄泥砚开始，获得成功后，使他对泥土技艺产生了深深的感情，也积累了一定的经验。一次偶然的仰韶文化博物馆的参观，精美的仰韶文化彩陶打动了他。他是个爱思考、爱钻研、大胆而又心细的人。他想到，仰韶彩陶历史这么悠久，传播范围这么广泛，器物如此丰富多彩，艺术水平如此高雅，如果开发成旅游产品，一定会有人喜欢。从博物馆回来，就开始进行试验。经过了近多年的摸索，他们公司复仿制的仰韶文化彩陶终于出炉了。该公司开发生产的仰韶彩陶产品先后获得多项奖项，彩陶尖底瓶、双联壶、舞蹈人纹饰彩陶盆等成了许多博物馆的展品或藏品，高仿的仰韶文化鹳鱼石斧彩陶缸被北京一家收藏机构收藏。

除了仿制或复制仰韶文化各类型遗址出土的代表性器物，为各有关博物馆或收藏家提供产品以外，该公司进一步挖掘仰韶彩陶的艺术资源，开拓思路，创新发展，大胆实验，不局限于已有的器物类型，而是向市场化、大众化的更大空间进军，大胆试验仰韶文化创意彩陶。他们以仰韶文化彩陶代表性纹饰为基本元素，开发出了丰富多样、贴近当代人生活的茶具、餐具、酒具、用具和城市休闲文化景观雕塑，从地面铺装、文化景观、亮化工程和创意雕塑入手，开发出了充满仰韶文化彩陶元素的文化地砖、彩陶花盆、彩陶景观灯、文化浮雕、喷水景观、彩陶景观座椅等彩陶系列产品。这些产品先后在郑州、三门峡和渑池县城的有关城市基础设施中使用，独具特色的仰韶文化元素不仅扮靓了城市，还宣扬了仰韶彩陶文化的艺术魅力，为当代人的生活增添了色彩。

三、让彩陶"走路"

如前所述，仰韶文化时期的庙底沟彩陶传播范围最广。它的传播既有片状的国内区域性传播，又有线性的跨区域性国际传播。前者，以黄河流域为主，传播范围包括今河南、山西、陕西、内蒙古、甘肃、河北、山东、辽宁等地，甚至传播到长江流域的江苏北部和四川东北部地区。后者的国际性传播，据最新研究，仰韶文化彩陶庙底沟类型的继承者——马家窑文化彩陶与远在黑海地区且晚于仰韶文化一千多年的特里波利——库库特尼文化有很多相似之处，其相似的花瓣纹、三角纹、月牙纹、平行斜线纹等如出一脉。这些证明，仰韶文化彩陶在沟通欧亚大陆东西方文化交流方面开启了先河。各种证据表明，在青铜之路和丝绸之路之前，很可能存在着"彩陶之路"。

5000多年前的彩陶会"走"路，今天的彩陶"走"得更远，更光耀。几年来，仰韶文化复仿制和创意彩陶成了当地的文化使者，不仅先后在国内不少城市展销，从河南郑州到广西南宁，从首都北京到宝岛台湾，都留下了仰韶彩陶的靓丽身影。这些产品还多次出国展览，走向了世界。先后到瑞典、英国、法国、吉尔吉斯斯坦、泰国、韩国等国出访展览，为仰韶文化走向世界开启了大门（图35）。2015年1月13日，河南仰韶科技开发有限公司的彩陶产品出访韩国，在韩国为其专设的仰韶文化艺术展厅展出了该公司的彩陶艺术复制品，受到了韩国有关官员和公众的热情赞赏。展出结束后，公司又与韩国安东科学大学联合成立了中韩文化交流中心，并签订了合作协议，确定了为期5年的人才培训合作协议。仰韶文化彩陶展一度成了韩国观众参观和媒体关注的热点，在韩国国家电视台、庆尚北道省电视台、韩国安东市电视台、报纸、网络媒体上都进行了宣传报道。2019 年，上合峰会在吉尔吉斯斯坦召开，仰韶彩陶应邀为峰会助兴。6 月 11 日，"中国传统书画及仰韶彩陶作品展"在吉尔吉斯斯坦国家艺术博物馆隆重开展。该国文化、信息和旅游部副部长卡德尔别科夫·努尔热凯

图 35　仰韶彩陶走进瑞典

受邀出席了开展仪式。他在开幕式上说，中吉两国之间的经贸交流在不断加深，但两国的文化交流还不够。近年来，随着"一带一路"倡议的不断推进，现在吉尔吉斯斯坦对中国的文化感兴趣的人越来越多，这次的仰韶彩陶展让更多的人有机会了解有着 7000 年历史的仰韶文化，了解中国先民的智慧，非常感谢中国朋友带来的这些彩陶。峰会首日，形象逼真的人面鱼纹盆、造型别致的人头形器口瓶等彩陶产品吸引了参会的该国观众，他们看到这些色彩纯正、造型独特、典雅高贵、历史悠久的彩陶创意产品，赞不绝口，爱不释手，纷纷购买收藏。展出期间，中国河南仰韶科技开发有限公司还与吉尔吉斯斯坦有关部门达成了共建中国仰韶文化吉尔吉斯斯坦交流中心达成了合作意向。谈到这次展销的成功，董事长王新军和总经理刘新安都透露出抑制不住的自豪和喜悦。他们表示：今后要创作出更好、更适合"一带一路"沿线国家人民口味的产品，让仰韶彩陶成为一张靓丽的中华文化名片，为中国的"一带一路"战略助力加威。

四、让彩陶"说话"

除了外出展销，为仰韶彩陶不断扩大宣传外，多年来，河南仰韶科技开发有限公司还利用自己的研学基地，为国内多家大专院校的相关单位打造教学产品，培养人才。该公司为北京大学考古文博学院制作的仰韶彩陶仿制品，成为给北大学生讲课的教材；为河南省文化和旅游厅、教育厅制作的仰韶文化教学课件成为该省关心下一代工程的历史课本。他们利用自己的仰韶彩陶研学基地，为韩国安东科学大学和釜山东亚大学提供实验场地，为中韩文化交流培养人才。2015 年至今，已经举行

了三次研学旅行。该公司还与甘肃工业职业技术学院艺术学院培养彩陶制作学生。该校的三年制学生，完成两年课堂教学以后，用一年时间来渑池实习。自 2001 年开始，先后共有 9 届 100 多名毕业生来这里学习彩陶制作技术，有的回去以后成为当地的彩陶制作带头人，有的干脆就在这里就业，成为该公司的技术骨干。多年来该公司除了与上面的有关大学联合以外，还先后与河南大学、甘肃兰州大学、东北师范大学等院校开展彩陶研究和制作技术业务交流，为他们培养了一批又一批仰韶彩陶研制或教学人才。彩陶走进了课堂，成了会"讲课"的活教材。2019 年 4 月，在北京举办的世界园艺博览会上，靓丽的仰韶彩陶复制品摆放在河南园里的花丛中，彩色的陶器，盛开的鲜花，相映成趣，别致高雅，不仅为河南园的园艺艺术增添了美景，也成了会说话的中原远古文化"代言人"（36）。是年 9 月，该公司的仰韶文化创意彩陶应邀赴郑州参加了河南省举办的"壮丽 70 年·奋斗新时代"系列主题新闻发布会三门峡专场活动，精美靓丽的彩陶产品又成了与会人员和媒体关注的热点。

图 36　2019 年 4 月在北京世园会的河南园里摆放的彩陶

五、彩陶之乡

河南仰韶文化艺术传媒有限公司创建于1998年，河南仰韶科技开发有限公司创建于2005年。这两家民营企业都是从开始的一个彩陶复仿制品小作坊，一步步发展壮大到现在的规模。他们集研究、创意、制作、研学、展览、销售和售后服务为一体，从开始的仅仅能复制或仿制一些全国各仰韶文化遗址出土的典型彩陶为主，发展到现在的除复仿制彩陶外，还能以创意彩陶为主，不仅只是为收藏或展览制作，而且可以制作民用彩陶、建筑彩陶、景观彩陶等可满足市场需求的各类彩陶。比如，花盆、坐凳、路面装饰、路灯纹饰、墙面艺术等。在渑池的街道上、办公楼前、公园里到处都可以看到仰韶彩陶的身影（图37）。目前，这两家企业的产品共有19个

图 37　彩陶花盆

系列、500 多个品种，年生产量近 20 万件。河南仰韶文化艺术传媒有限公司的生产场地被中国社会科学院考古研究所确定为"陶器考古科研基地"。河南仰韶科技开发有限公司已经获得国家专利 87 项，注册的"原始部落彩陶坊""韶韵轩""仰韶陶艺"三个商标先后被授予河南省旅游品牌产品，该公司被确定为省级文化产业示范基地，被国家人社部、中国就业促进会认证为"中国大学生就业促进工程项目培训单位"。该公司仿制的双联壶、舞蹈纹彩陶盆、花瓣纹彩陶盆、鹳鱼石斧缸等在几届国家和省级文化产品博览会上受到广泛好评，被不少商家或收藏单位定制。目前，该公司已经成为全国最大的仰韶彩陶科研和生产基地，其产品已经走出渑池，走出河南，走向全国。

经过 20 多年的发展，现在渑池全县已经初步形成了以仰韶彩陶文化品牌为代表的旅游文化产业县。仰韶彩陶同当地著名的仰韶酒、仰韶水泥、仰韶玻璃、仰韶柿饼、仰韶杏、仰韶贡米等名优产品，享誉河南，营销全国。其品牌效益、经济效益日益壮大，为仰韶故乡的文化、经济和社会发展做出的贡献越来越大。

为此，2019 年 12 月 17 日，渑池县政府向中国特产之乡评审活动委员会正式提出申请将渑池县命名为"中国彩陶之乡"。目前，正待评审通过。

圣地百年——仰韶村遗址发现百年纪事

第七节　彩陶坊酒

——穿越时空的仰韶味道

在渑池县城北、仰韶村遗址下边，有一条自北向南的小沟，叫玉皇庙沟。沟的源头下有一个石羊凹，凹里出一股天然泉水，其水质甘甜醇厚，清凉可饮，沁人心脾，且常年不断，从县城东部流过，注入涧河。历史上渑池人把这个泉叫"醴泉"。

说起"醴泉"，原出自唐代陕西的历史名泉。隋唐以前，在今渭北高原的陕西宝鸡麟游县境内有一个麟游宫，历史悠久，自石器时代人类就在这里生息繁衍。到商周时期，更是周秦发展壮大的重要基地。隋时，隋文帝建仁寿宫，是避暑胜地。唐贞观五年（631），太宗皇帝李世民下令将仁寿宫修建，改名为九成宫。翌年，太宗皇帝来到九成宫避暑，在游览宫中台观时，偶然发现一清泉，欣喜之余，下令由魏征撰文，欧阳询书写，于贞观六年（632）刻碑。按《唐书》："贞观中这里有泉水清澈如镜，水味甘甜如醴酒，故名醴泉。"为此有九成宫碑，全名叫《九成宫醴泉铭》。皇帝钦点，加上名人和名书法，使这块碑后世就成了历史名刻。其实，所谓醴泉，本指水味甘甜的泉水，形容水质优良，味道像薄酒。我国叫"醴泉"的地方很多。渑池的醴泉，也只是借名扬名而已。不过，这股泉水的水质之好，则是名副其实的。历史上，渑池县城的一些传统作坊就用此水来做醋酿酒，其醋经久不腐，其酒愈久弥香。仰韶酒厂初建时，为了使用这股泉水，也为了就近取水，就选址在玉皇庙沟下游东侧的台地上。酒名"仰韶"，在渑池，也是名至实归。一是这里是仰韶文化的发现和命名地。二是取其历史久远之意。

仰韶酒，从 1976 年试产，到 20 世纪 80 年代获得商业部优质奖；从 1996 年摘取巴拿马万国名酒博览会特级金奖，到鼎盛时期的风靡河南大街小巷；从 2004 年再次提质升级，到位列河南省白酒第一品牌、中国香型白酒第 13 名。它走过了一条从低到高、从规模粗放到效益集约，从品种单一到高低中多种档次配套的艰难发展道路。它的历史，不仅记录着渑池酿酒业的发展历程，也记载着渑池人对仰韶文化的研究、认识、理解和产业深化的变革印记。

一、初创时期

仰韶酒厂初建时，只是一个隶属于渑池商业局糖酒公司的商办企业。1976 年试产，1977 年纳入国家计划。原设计年生产能力为 300 吨，所产仰韶酒皆汲取旁边的醴泉水，用高粱、小麦等原料酿制，基本靠人工酿作，酒液透明，芳香浓郁。但是，由于规模小，产量低，多数在县内销售。

1982 年，酒厂开始扩建。到 1985 年，年产量达到 1000 吨。除供应本地外，逐渐向县外销售。但也只是能满足渑池及周边的原洛阳地区各地供应。

1985 年以前，仰韶酒厂的产品还很单一，只能生产仰韶大曲和仰韶酒两个品牌，酒精度为 52 度。1986 年，酒厂设造气、粉碎、制曲、酿酒、包装、机修等 6 个车间。增添了化验设备，有各种机械设备 61 台，汽车 7 部、固定资产总值 320 万元，职工 308 人，年生产仰韶牌系列白酒 1416 吨，当年创产值 48 万元，税金 143 万元，利润 2.1 万元。这一年，酒厂研制成功了 38 度仰韶酒。到 1990 年，生产技术进一步提高，又先后研制成功 45 度白酒、45 度特曲、45 度特醇、45 度粮液、40 度白酒、40 度贡酒、50 度禧酒、52 度优质大曲、50 度老窖等 9 个品种。1991 年，研制成功的 45 度仰韶酒、仰韶粮液、仰韶春和仰韶简特曲等仰韶酒系列达到 15 个品种。其中的 38 度仰韶酒首次获得省部级奖，被商业部评为优质酒。

从 1986 年开始，酒厂成立了销售科。制定了《白酒市场销售方案》，拓宽了销售渠道，用户由原来的 17 家发展到 57 家，当年销售白酒 1200 吨。1991 年，酒厂产销量扩大到 2600 吨，产值 1809 万元，销售收入达 1078 万元，税利 418 万元，利润 2.8 万元。

1986 年，酒厂进行改扩建、设备改造和技术创新。当年首次引进自动化包装线。其后连续扩建生产车间，扩建锅楼房，改人工烧火甑锅蒸馏为蒸汽蒸馏，改单层甑盖为双层甑盖。1988 年成立白酒生产研究所。1991 年成立节能降耗攻关小组，出酒率达到 50%。为解决白酒降度过程中浑浊沉淀问题，技术工攻关小组试验成功"玉米淀粉法"和"活性炭法"两种降度过滤除浊技术。1992 年成立技术科，引进中国科学院成都生物研究所研制的国家名酒专利技术，办起了培菌室，培养优质窖泥，改造窖池，提高窖龄 100 到 120 年，共培养优质窖泥 1800 立方米，改造和新建窖池 800 多条，使白酒的优质化率提高 25% 以上。技术科和培菌室还成功研制成功能菌脂化液，曲酒发酵提高优质率 15%，勾兑技术小组研制利用空气压缩机代替人工搅海，缩短了时间，提高了产量。

二、八年荣耀

从 1992 年到 2000 年的八年间，是仰韶酒业的第二个发展时期。

1992 年，仰韶酒厂新一届领导班子上任，此时恰逢全国白酒业鼎盛时期。以费国华为首的领导班子开始大力发展生产、革新技术、活跃销售，并将厂名改为"河南仰韶酒厂"，仰韶酒业的发展步入了快车道。

这 8 年，仰韶酒品种的研制开发蓬蓬勃勃。1993 年，酒厂引进了先进的科研检测设备，成立中心化验室，企业的质量管理更加科学化。先后开发出 45 度、38 度、超低度 29 度仰韶酒和大曲、特曲以及梦莎、晶爵、磨砂、瓷坛、口杯等仰韶系列酒 40 多个品种，在酒度、规格、风味、包装等方面形成了多样化。1995 年研制成功 38 度 8 号仰韶大曲、40 度仰韶大曲和 46 度 8 号仰韶酒。1996 年，开发了珍品仰韶酒、金牌仰韶酒、金绣坊仰韶酒以及防伪一代系列酒。1997 年，开发了系列防伪二代仰韶酒多个品种。1998 年，开发 38 度金牌仰韶酒、30 度特制精品、28 度五星精品、三星精品和 38 度酒霸。1999 年，开发十年陈酿、龙中龙、万年红、世纪红和火箭炮等品种。2000 年，仰韶酒已经发展到 4 大系列 50 多个品种，在酒度、风格、风味和包装等方面形成了多样化格局。

这 8 年，酿造技术年年更新。解决了酿造生产秋季大转排引起的减产问题，新工艺白酒车间改革"一次性加满"发酵工艺为"分割发酵法";完成"MZ"酶工程技术的推广及6万吨曲酒灌装生产线填平补齐改造;在无锡轻工业大学成立"仰韶酒联合研究所";运用了黑米酒高温杀菌封盖技术,完成了果酒的研究、应用及彩印生产线的安装和调试。

这8年,从粗放走向了集约。1996年,河南仰韶酒厂改名为"河南仰韶集团有限公司"。1999年,又更名为"河南仰韶集团"。下设三个生产区和两个分公司。集团总部位于县城,占地面积18.7万平方米,有职工4000名。第一分公司成立于1995年,位于渑池县仁村乡政府北侧,是对原来的国营六三二厂旧址进行改造后利用的,占地面积27.6万平方米,有职工3000名,年产仰韶系列成品酒4万吨、米酒1000吨。第二分公司成立于1997年,位于仁村乡政府南部,也是将原来的国营七四四厂改造后利用的,占地面积26万平方米,有职工1000名,年产各种型号的纸箱900万套、彩盒2000万套、瓶盖4500万个、葡萄酒5000吨。总厂扩建的车间有酿造车间、制曲车间、勾贮车间、包装车间。另外还增设了仰韶米酒厂、包装材料公司、彩印厂、果酒厂、仰韶大酒店、汽车运输公司等相关设施设备。

在生产、营销、质量管理等方面,集团公司改变原来的"产、供、销"为"以产定销"的经营方式,实行"定区域、定任务、定品种、定提成"和"包工资、包费用"的"四定两包"方式。集团所属的9家企业也实行独立核算、自主经营、自负盈亏。到2000年底,集团共有职工8000余名,占地73万平方米,总资产5.1亿元,年产销量达到10万吨,年产值10亿元,当年上缴国家和地方税利1.7亿元。

8年来,仰韶系列酒先后荣获首届国优精品博览会金奖、法国国际名酒展评会金奖、香港国际名酒博览会金奖、布鲁塞尔国际名酒金奖、第二届巴拿马万国名酒品评会特级金奖。仰韶集团先后获得"中国明星企业""实现税利三十佳""科技企业""全国五一劳动奖""全国精神文明建设先进单位""中国食品工业科技进步优秀企业""中国食品工业质量管理名企名牌""全国质量管理工作先进企业""河南省国有中小企业十佳单位""河南省50家振兴企业"等国家和省级荣誉40多项。

三、鼎盛发展

2001年,国家对酒类产品实行税费改革,加大了消费税率,实行从量与从价双重征税政策。这对以生产销售中低档白酒为主的仰韶酒业造成很大冲击。出现了销售滑坡、利润下降。同时，前一阶段规模扩张的后遗症也开始显现，银行债贷包袱巨大，流动资产严重紧缺，企业发展陷入了窘境。

2004 年，在国有企业改革时，经县政府有关部门认可，重新组建了股份制民营企业——河南仰韶酒业有限公司，租赁原仰韶集团和仰韶酒厂资产进行改制经营。仰韶酒业自此进入了民营时代。

改制后的河南仰韶酒业，在董事长、总经理侯建光的带领下，综合权衡公司的经济实力、白酒的市场消费趋势、国家税费改革的政策导向等因素，确立了走中高端白酒发展道路，明确"豫酒之魂，兼香天下"的产品定位，在维持老仰韶酒销售、市场保护的同时，集中力量开始研发九粮（高粱、大米、糯米、小米、玉米、小麦、大麦、荞麦、豌豆）兼香型白酒，谋划仰韶酒的风格转型。

2006 年，九粮兼香型白酒研制正式启动。成立了以国家级著名白酒专家沈怡芳为组长的研制项目组，经过对制曲、投粮、发酵等一系列技术难题的攻关，2008 年初步研制成功。2009 年，推出了兼香型新产品——仰韶·彩陶坊。这种设计和研制的思路发端于仰韶彩陶文化。在酒的质量上，一改过去的单粮为九粮、浓香型为兼香型、"重销量、重占有率"为"重品牌、重效益"，创造了"陶香型"品牌。这种陶香型的创意和命名，吸纳和紧扣着仰韶文化的主题内涵，辅助以品牌、包装等标识化元素，给仰韶文化与产品结合赋予了一种崭新的创意。就连彩陶坊酒瓶的设计也是演变自 7000 年前仰韶文化中的鱼纹葫芦瓶外形，采取手工制陶工艺的技术经精心烧制而成，充满仰韶彩陶元素的图案构型，完美再现了古今辉映之美。

仰韶·彩陶坊具有浓香型、酱香型、清香型、芝麻香型四种香型"四香合一"的独特风格，加上古朴、典雅的包装造型，一经投放市场，即风靡河南，赢得了广大消费者和行业专家的高度评价。先后获得了"中国驰名商标""中国历史文化名酒""中国地理标志保护产品"等荣誉 30 余项，并在豫酒名优产品发布会上，被评为"豫酒五朵金花"之首。同时，作为豫酒文化和品质的杰出代表，仰韶·彩陶坊酒被美国、英国、法国等 30 多个国家元首收藏。2013 年，中华陶香（九粮兼香）型白酒顺利通过国家权威专家鉴定，被评为中国白酒的第 13 种香型，成为河南唯一独立自主香型的创造者。同年，在中国酒协年会上，仰韶彩·陶坊与国酒茅台齐名，被授予"中国名酒典型酒"。2013 年，在第二届中国白酒科学技术大会上，陶香型白酒生产工艺技术被授予十大科技成果奖。2017 年，仰韶·彩陶坊在被全国白酒占据的河南市场上成功占领一席之地，成为河南高端白酒第一品牌和高端白酒的领跑者。2018 年，在"改革开放 40 周年——中国酒业功勋企业、功勋人物颁奖盛典及重大成果展"上，荣获"功勋企业"和"功勋人物"两大奖励。2019 年 12 月 3 日，河南仰韶酒业正式晋升为"农业产业化国家重点龙头企业"，这是由国家农业农村部、国家发展改革委等八家部委评委认定的，在第六批 299 家国家重点龙头企业名单中，河南省共有 16 家农业企业入选，仰韶酒业是唯一的豫酒企业。

四、再创辉煌

仰韶酒，这口液态的火，点燃在七千年的中原大地，这种穿越时空的仰韶味道，让华夏文明在这里源远流长，经久不衰，醉香千古。中原文化的万象生机，就是热衷于自由的碰撞，才交融出绚烂多姿的文化形态，而这饱含激情，冲破规则的碰撞气质，也渗透在这方土地的万事万物中，酝酿于此的仰韶酒，更是继承着这一基因。

回顾仰韶酒业创业发展的 40 多年历史，它依托仰韶文化的深厚土壤，借助改革开放的强劲东风，筚路蓝缕，劈波斩浪，在创新中改革，在创造中发展，一步步走来，从一个年产 300 吨的小厂，走到今天的鼎盛辉煌，每一步无不感受到仰韶文化的厚重和无尽魅力，无不享受到我国不断和深化改革开放带来的力量。但是，今天的仰韶酒业前进的步伐并没有停止。

进入新时代，仰韶酒业为落实河南省委省政府的"豫酒振兴"战略，加快白酒业转型升级，弘扬仰韶文化与仰韶酒文化，提升仰韶品牌美誉度，他们以仰韶文化和仰韶酒文化为载体，着力打造国家 4A 级酒文化旅游景区——中华仰韶酒庄。

中华仰韶酒庄计划总投资 10 亿元，依托仰韶酒业先进的生产技术以及渑池韶山的自然山水景观和仰韶文化、仰韶酒文化的丰富资源，全面展示河南仰韶酒业自主香型——仰韶·陶香型白酒的选料、制曲、发酵、窖藏、勾调、灌装、包装、质检等生产工艺流程，使仰韶文化、中华酒文化、仰韶酒文化生产技术历史传承的脉络得以清晰呈现，突出展现仰韶先民的聪明智慧和现代仰韶人勇于创新、不断开拓的时代风采。

中华仰韶酒庄由 5 园组成：一是黄河岸边的高粱基地观光园；二是位于美丽乡村——洪阳镇柳庄的生物科技制曲园；三是仰韶酒业生态酿酒工业园；四是位于县城北部 25 公里处的仰韶酒业白酒洞藏基地——仰韶仙门山文化风景园；五是位于韶山脚下的仰韶文化彩陶艺术展示园。这是一个集生产、旅游、娱乐、工业观光、农业观光、休闲培训、商务会议接待为一体的多元性服务的酒文化庄园。连同他们自2015 年建成开馆的仰韶酒文化博物馆一起，奏响了仰韶酒业集团在新时代将酒的工业生产、工业文化旅游和历史文化创新的时代新篇章（图 38）。

图 38　仰韶酒庄大门

主要参考资料

［1］安特生著（袁复礼译）：《中华远古之文化》，《地质汇报》第5号，1923年。

［2］何炳松著：《何炳松论文集》，商务印书馆，1990年。

［3］中国社会科学院考古研究所编：《夏鼐文集》，社会科学文献出版社，2000年9月第一版。

［4］陈星灿著：《中国史前考古学史研究》，社会科学文献出版社，2007年5月版。

［5］刘莉、陈星灿著：《中国考古学——旧石器时代晚期到早期青铜器时代》，生活·读书·新知三联书店，2017年9月第一版。

［6］苏秉琦著：《中国文明起源新探》，辽宁人民出版社、人民出版社，2013年8月第一版。

［7］赵会军著：《发现仰韶》，中国国际广播出版社，2010年7月第一版。

［8］杨遵仪主编：《桃李满天下——纪念袁复礼教授百年诞辰》，中国地质大学出版社，1993年12月第一版。

［9］政协河南省三门峡市委员会学习文史委员会、政协河南省三门峡市渑池县委员会编：《灿烂的仰韶文化》，《三门峡文史资料》第十二辑，2003年。

［10］巩启明著：《仰韶文化》，文物出版社，2005年7月第二版。

［11］韩建业著：《早期中国——中国文化圈的形成和发展》，上海古籍出版社，2015年4月第一版。

［12］袁疆、袁刚、袁扬、袁方、袁鼎编著：《西北科学考察的先行者——地学家袁复礼的足迹》，新华出版社，2007年5月第一版。

［13］陈星灿著：《20世纪中国考古学史研究论丛》，文物出版社，2009年10月。

［14］严文明著：《中国新石器时代》，文物出版社，2017年9月第一版。

［15］河南省考古学会、渑池县文物保护管理委员会编：《论仰韶文化》，《中原文物》1986年特刊（总5号）。

［16］中国社会科学院考古研究所、仰韶文化博物馆编，陈星灿、方丰章主编：《仰

韶和她的时代》，文物出版社，2014年1月第一版。

［17］苏秉琦著：《苏秉琦文集》（二），文物出版社，2009年9月第一版。

［18］侯俊杰、方丰章著：《黄土地里"长"出来的博物馆——仰韶文化博物馆速写》，《中国博物馆》，2012年第2期。

［19］刘大有、刘晓龙著：《安特生评传》，文物出版社，2008年2月第一版。

［20］中国文化遗产研究院编：《仰韶村遗址保护规划》，2009年3月。

［21］李久昌主编：《三门峡仰韶文化研究》，河南科学技术出版社，2011年8月第一版。

［22］陈星灿著：《安特生与中国史前考古学的早期研究——为纪念仰韶文化发现七十周年而作》，《华夏考古》1991年第四期，1992年第1期。

［23］安志敏著：《袁复礼教授在中国史前考古学的贡献，《考古》1998年第7期。

［24］安志敏著：《仰韶村和仰韶文化——纪念仰韶文化发现80周年》，《中原文物》2001年第4期。

［25］安特生著：《黄土的儿女》，1934年英文版。

［26］河南省文物考古研究院、三门峡市文物考古研究所、渑池县文化广电和旅游局编：《渑池仰韶村遗址考古勘探报告》，2019年8月。

［27］张文彬著：《"仰韶文化"发现的重大意义和深远影响》，《中国文物报》，2001年11月9日。

［28］中国科学院考古研究所编：《庙底沟与三里桥》，科学出版社，1959年。

［29］许顺湛著：《三门峡考古文化的金字招牌与仰韶文化》，《三门峡职业技术学院学报》2011年第3期。

［30］渑池县志编纂委员会编：《渑池县志》1991年5月第一版。

［31］渑池县地方史志编纂委员会编：《渑池县志》（1986~2000），2006年11月第一版。

［32］侯俊杰著：《唤醒黄土的民族文化身份》，《光明日报》，2017年9月1日。

［33］李世伟：仰韶村遗址第四次考古发掘。

一篇最早报道仰韶村遗址重要发现的文章

自 1921 年仰韶村遗址第一次发掘以后，100 年来，大多数研究者和媒体都认为最早将这个重要发现公布于世的是 1923 年在《地质汇报》第五号上发表的由安特生著、袁复礼节译的《中华远古之文化》（民国十二年农商部地质调查所印行）考古报告。但是，笔者最近得到的一份资料显示在安特生的《中华远古之文化》出版之前，已经有人撰文公布了这一消息。

这是一期民国十二年（1923 年）1 月出版的国立北京大学《国学季刊》第一卷第一号。这个季刊由胡适任编辑委员会主任，编委委员有李大钊、周作人、钱玄同、沈兼士等 10 人，都是当时北京大学以及国内著名的历史学家或文化名人。在这一期里，共发表有王国维、马衡、顾颉刚、沈兼士、伯希和等撰写的文章共 11 篇。其中有袁复礼撰写的一篇名为《记新发现的石器时代文化》的文章。

袁复礼是 1921 年由瑞典地质学家、中国北洋政府农商部矿政顾问安特生在仰韶村遗址主持第一次发掘时中方参加的主要专家代表。他在这次发掘中，不仅参与了发掘的有关事务，如现场记录、英语翻译、协调处理发掘中出现的一些纠纷等，还绘制了中国第一张田野考古地形图——《仰韶村遗址地形图》。这篇文章的《序言》是胡适撰写的（原文为繁体，现用简体字抄写如下）：

此次河南渑池发现石器时代的古物，是中国古史学上的一件极重要的事。故我们请发现人安特生博士替我们做一篇文章，记述此事。他此时正在为矿质汇报及中国古物学撰文，故推荐了他的朋友袁复礼先生。不幸袁先生此时又要到河南去发掘了，行期很逼迫，不能做文。我们只好请他做一篇简短的记事，以后再做详细的论文。这两件事，他都允许了。我们现在先发表他的记事。袁先生曾帮助安特生博士整理此次发现的材料，安先生自己曾说得他的力不少；他在百忙中肯替我们做这篇记事，这是我们很感谢的。胡适。

从胡适的《序言》中，我们可以看出袁复礼先生这篇文章发表的背景。

袁复礼先生写的这篇文章不长，只有1680字，也是繁体，为了读者识读方便，我在这里也将全文用简体字抄写如下：

去年（1921）冬天，在中国文化史上增多了一件新材料。因为在河南渑池发现了一些石器、骨器、陶器，证明是古代人民的遗迹。但未曾找出一件铜器或铁器来，就是能用铁作的针也是用骨头作的，能用铜作的鼎也是瓦器作的。所以，那时候的人还不知道用铜用铁呢。从人类文化史的研究，可回溯最初的人类都是用石器的。以后才发现铜（红铜）及黄铜，至于知道铁器已算是第三步了。所以考古学家都分石器时代铜器时代及铁器时代三段，表明人类对于他们环境的知识，及他们利用天材的本能。

石器时代又分作"古（旧）石器时代"及"新石器时代"。这两个简便的分别是在乎他们能修饰石器的本领：在古石器时代的石刀石斧石矢都是打磨不光、面上凿打的痕迹多半是坑洼不平。新时期时代的石器都是琢磨平净。不像上时代的那样粗糙。

这次在河南找出来的，确是与新石器的器用相合。不过若是按陶器论起来，有的圆形是用草团将泥瓦围起来打成的，有的圆形是用磨轮磨圆的。在欧洲各处有用磨轮的地方，都有表明用铜器的知识，不过因为在这个地方找不出铜器以外，更有许多用石器的凭据。所以现在暂且将他算作一个石器及铜器的过渡时代，就是"后新石器时代"，这曾在欧洲也是有的。

这次发现的东西：石器中有石镰、石锛、石凿、石圆（球）、石矢、石斧。骨器中有骨针、骨圆（环）、骨块。陶器中有鼎、鬲、瓮、碗等器。陶器皆不带耀（彩），多系灰色者，唯复色者亦不少。此种系红地上加黑花，间亦有加白花者。此种陶器与在俄属中亚细亚的阿诺地方及希腊南克利特岛所发现者相同。再加研究者可找出三处文化交通的关系。

中国有历史以来，记载就有铁铜的工做。传说的大禹作九鼎就是一个例。现在讲考古学者亦皆以为商周铜器为最古之物。美国考古家（Laufer）于中国古器考究颇深，尚且说中国无石器时代之文。日本学者鸟居龙藏以为在满洲所得者为蒙古人之一支所作。所以此次发现的价值在乎发现：

（一）有文字记载的历史以前，中国文化史上确有一石器时代。并且

圣地百年——仰韶村遗址发现百年纪事

（二）这石器时代的器皿。都留遗形给后代的人，就是现在日常用的东西，多可由研究而知为从古代器皿所演用。至于有这石器文化的人类究竟是何种人，确是一个尚未解决的问题。这种人：（1）是否即是原先的中国人，是否即商周人之祖？（2）或是他种人，他们的文化经中国人吸收后就灭亡了？（3）或是外来的异族，与中国人同时，而不同风俗？

这个发现是因为一九二一年春天四月，中国政府矿政顾问安特生博士在河南渑池旅行，经过渑池地方首次发现的。后来在十月得了政府允许，方去到那里挖掘。不过在这个以前他在夏间过奉天时候，曾经过一个穴洞，也发现了少数石器人迹。他现在已经有两次演说发表他这两次发现的结果。他又正在写：

（一）"在中国的一个古文化"，要发在《地质汇报》上。

（二）"奉天砂锅屯穴迹"

（三）"河南仰韶遗迹"一篇登在"中国古物考"上，将所有详细研究之结果登出，将来于文化史上必有一大供（贡）献。

按说这次发现的事，是从地质调查所方面办的。所以这篇先期的报告，虽有新闻性质，论科学家的发现法律，亦应让《地质汇报》方面先登。不过地质调查所丁文江翁文灏两所长，对于从地质方面去研究文化史，极为赞成。安特生博士亦将他所有的底稿给我读过。所以他们三人允许我将这件事在这里先简略发表，作一个介绍的文。将来安特生博士的大作出来，那个历史以前的文化方能有详细的论说。

我将这篇写完，后来又想到读者或尚有无疑问，或有看见了这件事而自己愿意到各处去发现的。所以我要将去冬阅历所得的结果，略述一回：

（一）这样的文化遗址是不常见的。就是发现以后，掘挖的法子亦应有科学家的指导，方能有效。不然地层混乱了，器具就不能分清，要说时代就更不能定了。

（二）这次发现除对于文化史有供（贡）献以外，对于农业田亩之变迁、天气之转徙、森林之盛衰、潜水之升降、河沙之增减，均有考据。所以与平常为古董去掘挖者不同。

（三）这次所得的器皿都是残缺不完的。不过这个新闻发表后，恐怕为金钱的古董商人亦想去掘。那么，对于科学的用意就错了。可惜的是北京现在只有一个小小的历史博物馆，经济困难，不能去作些有秩序的科学研究。如是国内热心的把这个历史博物馆扩张起来，在北京做一个集中点，此种考古学问方能有发达的余地呢。

从胡适的《序言》和袁复礼的该文，我们可以看出，文章发表和撰写时，由于受当时语言文字和对仰韶文化研究学术背景的制约，有些用词、用语、专业术语等与今天有很大的区别，但是，我们从中还是可以看出以下几个主要观点：1. 这篇文章是应胡适约稿，经丁文江、翁文灏、安特生同意撰写并发表的。2. 此时仰韶村遗址的发掘及其重要性已经引起国内学术界和有识之士的重视。3. 袁复礼把这个发现确定为"新石器文化"，无论这个定名是征求过安特生的意见确定的，还是袁复礼自己确定的，但这个定名是有先见之明的。4. 袁复礼在文章中说到对仰韶村这种少见的遗址进行挖掘，不仅只限于挖掘出土器物，还涉及对农业、气候、水利、森林、河流等环境条件的考古，很有见地。5. 袁复礼写这篇这篇文章时，已经意识到到仰韶村的重要发现可能会引起"为金钱的古董商人"去乱挖，告诉读者这种考古必须有"有科学家的指导，方能有效"，这种见识也令人敬佩。6. 就是按照现在的考古惯例，在正式的考古报告发表之前，发掘者可以用《发掘简报》的形式在媒体上向外公布考古成果。所以，袁复礼的这篇文章，至目前所知，确实是一篇关于仰韶村遗址第一次发掘后最早的新闻稿。

后记　我的家乡在仰韶

　　时间过得真快！转眼之间，仰韶村遗址的发现和发掘迎来了它的百年诞辰。圣地百年，可庆可贺；往事翩翩，可追可忆。

　　我的家乡在渑池县仰韶镇，地缘和亲缘使我与仰韶结下了不解之缘。小时候在老家上学，听老师说距我家不远的地方有一个叫仰韶的村子，名气很大。但为什么大，也许老师没有说，也许老师说了我忘记了。但是，这个名字记在了我的脑子里。大学毕业后，我先后在渑池县政府办公室和县文化局工作，才真的与仰韶紧密地联系在一起。从 1985 年纪念仰韶村遗址发现 65 周年学术讨论会开始，80 周年、90 周年、100 周年等几次大型纪念活动，我要么是亲临者，要么是组织或参与者，目睹了仰韶村遗址、仰韶文化研究经历的一些过程，越来越加深了对它们的热爱和关注。因此，也产生了将这些过程记录下来的想法。只是由于自己才疏学浅，对这个领域里浩瀚如海的学术成果涉猎太少，理解太浅，不敢妄言写出关于它的整个情况来，只是就仰韶村遗址说几句与它有关的人和事。这就是这本小书的来由。

　　1985 年召开的那次纪念仰韶村遗址发现 65 周年学术讨论会是在 11 月 6 日至 10 日，已经是冬天了。那几天天气突然变冷，来开会的代表大多数没有准备棉衣，会议是在当时县政府招待所 5 楼的一个简易会议室召开的，那时候还没有暖气，也没有空调。开幕式还没有结束，张政烺先生就冻感冒了。大家慌忙把他送到医院治疗，才没有影响他参加会议，也没有影响他给会议题写了"华夏文明源远流长"墨宝。严文明先生从北京来也没有带棉衣，会议开始后，大家给他找了一件黄色的军大衣，才使他自始至终开完了会议，并且作了《仰韶文化研究中几个值得重视的问题》的长篇演讲，澄清了之前关于安特生的一些不客观、不公平的评价。也就是从他的演讲中我才第一次听到安特生的名字以及安特生与仰韶韶文化的那些事。那次会议之后，渑池县委、政府组成了一个采访团队，我有幸参加。到北京拜访了苏秉琦、严文明、王仲殊等几位研究仰韶文化的专家，请教他们对仰韶村遗址和仰韶文化保护和开发的意见（见前述）。之后，县里开始重视仰韶文化的宣传和开发利用工作，并且号召全县干部职工捐资，在遗址北部修建了仰韶文化纪念碑。我那时在文化局正好分管这个工作，尽管捐来的资金很少，但是还是把纪念碑建好了。这个简单的纪念碑在很长一段时间，就作为仰韶村遗址的形象标志，出现在各种宣传仰韶文化的场合，一直到建设仰韶文化博物馆时，由于选址占地于此，才拆掉并保护了周围的专家题词碑刻。

2001年，纪念仰韶文化发现80周年时，我时任三门峡市文物局局长，责无旁贷地代表承办的三门峡市政府参与了其中的很多协调、组织工作。遗憾的是，这次学术讨论会尽管有不少专家都作了很好的发言，但是没有将其收集整理出版，这个缺憾我是有责任的。

2011年，纪念仰韶文化发现90周年和仰韶文化博物馆开馆时，我已经退职在山西帮忙建晋国博物馆。我受渑池邀请，到现场参加了相关活动。组委会给我的任务是全程陪同照顾严文明先生。有幸听到严先生很多关于仰韶村遗址、仰韶文化研究等方面的知识和故事，耳提面命，受益匪浅。记得，在一次吃饭前休息时，与严文明、石兴邦等几位老先生在一起闲聊，大家由于看到了仰韶村遗址保护得很好、会议开得很成功、博物馆也开馆了等等一些人和事，兴致很高，都相约在仰韶文化发现100周年时再在仰韶村相聚。遗憾的是，河南的许顺湛先生由于身体原因，没有参加这些活动，看到这些感人的场面。我当即就用手机联系上了许先生，在场的一个个老先生挨着给他通话，都相约100周年再见。老专家们一句句的热情通话感染了我，至今忘不了他们那种满含着对仰韶文化热爱而相约百年的话语。岁月如刀，时光无情，100周年来到了，有的老专家已经离开了我们，愿这些对仰韶文化研究硕果累累的老专家们，相约在心灵相望的时空里！

2017年，我作为渑池家乡人，又受邀来到渑池担任县政府文化顾问，帮助县里做一些纪念仰韶文化暨中国考古学诞生100周年的准备工作。我参与和目睹了仰韶村国家考古遗址公园的设计、建设和仰韶文化博物馆改陈提升的有关工作。在有生之年，还能为家乡、为仰韶文化做一点力所能及的事，此心无憾了！为以上这些，我决定把这本小书写出来，尽管才疏学浅、鼠目寸光、挂一漏万，但是，它们都是与仰韶村遗址和仰韶文化有关的一些人和事的真实记录，希望这本书能够了却我多年的心愿。

仰韶村遗址自发现以来，对遗址的发掘先后进行了四次，对遗址的保护也经历了立碑（就是书中所写的裴文中、贾兰坡见到的那块已经丢失的碑）、树立国保单位标志牌、建纪念碑、建博物馆、建国家考古遗址公园等一个个带有时代特征的标志性过程。这些过程，是对这个遗址的认识、保护、研究和利用的过程，也是它的成长年谱。每一个过程不仅记录着它们走过的历史，也标志着随着时代的进步，人们对它们的价值认识越来越高，对它们的研究越来越深入，对它们的保护和利用越来越与时俱进。这些，也可能就是我国众多宝贵的古文化遗址经历过程的缩影。在这本册子里，我把它们记录下来，既是这个遗址走过的心路历程，是为了忘却的纪念，也是通过这些让人们看到我们国家对承载中华文明历史的诸多文化遗址保护和开发利用观念的步步提升，工作力度的步步加强。

需要说明的是，这本小书写作时，由于受截稿时间限制，其中的有一部分内容还没有最终结果，有的我只能按照规划和设计内容来写；有的还限于已定方案，肯定实施时还会有不少变化，最终是什么样子，也只能到此为止了。

今年，是中国共产党成立一百周年之际，恰好也是仰韶文化发现一百周年、中国考古学诞生一百周年，"双百周年"纪念活动已经在全国盛大开幕。此时此刻，国内外的考古界同行、国内社会各界、国内外媒体再一次聚焦中国，聚焦河南，聚焦渑池，隆重纪念中国考古学穿越历史丛林走过的百年历程所取得的巨大成就。如果说 1921 年，安特生发现的仰韶文化，为世界打开了一扇了解中国的门，那么，中国考古学百年的发展历程，是用一次次的重大发现来实证我们中华文化连绵不断的五千年文明史，是用实际行动践行习近平总书记提出的，要"建设中国特色、中国风格、中国气派的考古学"的真实写照！仰韶，作为"中国考古圣地"早期中国文明长廊"花开中国"的核心区，更应该担负起这份历史使命！

感谢中国社会科学院学部委员、考古研究所所长陈星灿、中国文化遗产研究院原总工程师曹兵武两位专家，当我向他们请教关于写这本书的想法时，是他们帮我厘清了写作的思路和方法。陈所长还给我提供了很多资料，鼓励我就以仰韶村遗址为主写下去，或许有一点意义。

感谢河南省文物考古研究院的副院长魏兴涛博士和研究馆员李世伟、河南省文物局办公室副主任刘灿利、河南仰韶科技开发有限公司的董事长王新军和总经理刘新安、社会科学院仰韶文化研究中心（渑池）的杨拴朝、曾经参加过仰韶村遗址第三次发掘的仰韶村人王永峰、三门峡市文物局的文物保护和考古科科长王瑜、渑池县党史方志办的贺笑宜等同志，是他们为本书的有关章节提供了直接的第一手的资料，使我对有关事实的真实性更加心里有底。

感谢渑池县委的杨跃民书记、县政府的谢喜来县长、戴建广副县长以及文化旅游局的侯建星局长、康继云和贺晓鹏两位副局长等各位同事，是他们给了我机会和时间，让我走在仰韶村的土地上来写仰韶村，找到了一种"脚踏实地"的感觉。

有幸借仰韶"两个一百年"之际，将本书列入纪念丛书出版，忝列其中，既感到是一个百年不遇的机会，又感到受宠若惊。

圣地百年——仰韶村遗址发现百年纪事